梅荷人生

王 邦 铎 回 忆 录

王邦铎　著

中国美术学院出版社

目录 Contents

引子

年岁大了，喜欢回忆，旧时情景如同溪水般萦绕脑际，清晰如故。把这些尚在记忆中的事记下来，我想是一件不错的事。

老年人，都有怀旧情结，怀念他幼时住过的宅院，院前的那条街、屋后的那条河，以及河岸边那两棵大柳树；怀念已过逝的父母、兄嫂，还有儿时的玩伴。而今，有多少人不遗余力地去寻找他（她）旧时的友人，又有多少人千里迢迢回乡寻觅回忆，哪怕只找到一点点痕迹也会兴奋不已，我当然也不会例外。

我出生在民国时期，经历了抗日战争、解放战争、中华人民共和国成立和建设时期，亲身体会多多。国家在进步，社会在发展，我与大家一样在不断地学习，以便跟上时代发展的步伐。转眼间八十多年过去了，我惊叹人生之短促、时间的无私和无情。

人生，酸甜苦辣咸五味杂陈，人们都毫无例外要经历如此这般的考验。做人，古圣先贤们的教导很多，我认为首先要有一颗善良的心，正派做人，不能忘本。从大处说，心中要有国家、民族和群体，凡事不能只想自己；小的方面讲，就是老老实实做好自己的工作，己所不欲勿施于人，设身处地，多为别人着想。人人都要交朋友，交一个好朋友是你的缘分，交到一个坏朋友是你的晦气，交友是人生的重要经历。我很幸运，不仅遇到了好领导，也交到了不少好朋友，这是我最大的安慰。

工作，我自始至终服从分配，对于组织上安排的工作从来都未曾提出过疑义。工作中遇到困难不可怕，怕的是不能认真对待；工作做不好，是工作能力不够，正好促使自己好好学习，努力提高自己的工作水平。回想这么多年来自己的工作，自认为是努力的，但处理不当或小错误肯定会有，也许不少。

故乡习俗及我的童年

我出生在山东省烟台市一个山清水秀的地方。烟台临近渤海与黄海交汇处，海产品丰富且稀有海货不少；市域山岚起伏秀美，气候温和宜居，地下水质优良，盛产水果，优质葡萄酿造的张裕葡萄酒驰名中外；土特产品丰富多彩，山珍海味一应俱全。烟台真是个好地方。更使我庆幸的是生我养我的双亲善良慈祥（父亲王星坡，字宗魁；母亲董爱道），我的童年就是在严父慈母的关爱中度过的。当时家庭尽管贫困，但日常生活中仍旧不乏温暖，我爱我的父母，可惜的是他们在我参加工作不久后便相继去世了，我时时刻刻深切地思念他们，此情永无尽期。

我出生在1930年底，正值清朝灭亡后的民国初期，社会动荡不安。统治中国三百多年的清政府虽然退出了历史舞台，但是还有不少遗存的影响，域外的东西趁机汹涌而入，像洋火、洋油、洋钉、洋面、洋布、洋服，当然还有洋思想。洋火就是火柴，很多贫困家庭连火柴也舍不得用，以火镰刀打火石取火，很多吸烟的人随身携带着火镰刀、火石和火纸，形成了一道独特的民俗风情。有不少家庭购买棉花纺线织布做衣裳。照明用豆油灯，后来逐步改用煤油灯，用电灯那更是以后的事了。货币用的是银圆、铜子儿和制钱（铜质、圆形、中间有一个方孔的钱币）。银圆通常叫大洋，两块大洋可以购买一袋面粉（好像是15—20千克）。年纪大些的妇女都裹着小脚，人们认为三寸金莲最美；男人们的裤脚处要扎一根带子，穿长袍马掛，戴瓜皮小帽（像切开的西瓜拼在一起的圆形帽，顶部还有一个小圆球）；也有一些新潮人物穿起西装，戴上了礼帽；女孩子结婚，要把头发梳成一个髻（扁圆球状），并用网罩起来，同时还要绞脸（用两根细线除掉脸上的细汗毛），通常由闺蜜或亲属帮助完成，不过平时需要时也会如是做。在城市里还有一个风俗要提一下，即有许多房子的外墙上留有两三块砖大小的孔洞，下部用砖封住，砖上刻有“敬惜字纸”四个字，要求人们把写有文字的废纸投入其中，房主人会不定期地将其烧掉。因为字是圣人创造的，人人都要爱惜，不可糟蹋。另外，有不少人家在自家面街的大门门楣上挂一块竖向的木牌，上面写着“太公在此”。其用意是“诸神退位”，姜子牙在此。因为周灭商后姜子牙封了诸神，唯独没分封自己，于是不论姜子牙到了哪里，那里的受封神就得让位给姜子牙。太公就是姜子牙，他受封于齐，即现在的山东省，因此这种风俗山东较多，别处少见。这都是80多年前，也就是20世纪30年代的事了，现在可能已销声匿迹了。

学生时代

我就读的小学是一所教会学校，紧靠学校的就是一座教堂。学校旁边有一所女子中学，小姐姐们穿着淡蓝色的仁丹士林布上衣、黑色裙子、白色长筒袜子和横向系带的黑颜色布鞋，走起路来神气十足，让我们这些小弟弟小妹妹羡慕不已。我们学校院子里种着好多石榴树，成熟的果实挂满枝头，有的还咧开了“嘴”，露出了红红的石榴籽。尽管伸手即可摘到，但没有一个学生偷摘。成熟的石榴由学校统一摘取，交给老师在课堂上分发给学生。每学期末，学校都要在大礼堂组织各年级学生联欢演出，我是基本的演员之一。小学的一切令人怀念，尤其是一年级时语文老师的一席话，让我至今难忘。她说：日本人侵占了我们的东北三省，大肆掠夺那里的矿产和财富；日本国内实施强盗式的教育，而且是从小孩子开始，从小学甚至是幼儿园就向孩子们灌输侵略他国、扩大疆土的思想；日本老师在上课时带一篮子苹果分给孩子们吃，然后问他们好不好吃，知不知道苹果是从哪儿来的，并告诉孩子们这是从中国来的，说那里本来是日本的疆土，被中国人占据了，让他们长大后要去夺回来。日本人就是这样毒化教育孩子的。老师的这段话，深深地埋在我幼小的心里。日本这种根深蒂固的扩张、侵略、掠夺的行径，在我幼小的心灵里留下了很深的记忆。爱好和平的各国人民，必须时刻警惕日本军国主义的死灰复燃。

我的父亲和母亲，对我自幼疼爱有加，我从小没经受多少委屈。我有一个比我大十一岁的哥哥（王邦民），是名副其实的大哥，对我很好。他毕业于烟台市益文商业专科学校。他在上海和南洋等地工作过，曾被日本人抓进监狱。他一直与中国共产党有联系，主要从事联络、掩护、通信方面的工作。我家住的是一个小小院落，北房四间半，南房三间。日本兵盘踞烟台期间，解放区来的人经常住在我家。我父亲和哥哥从事通信联络和为解放区购买物品等各项事宜，生活上则由母亲和嫂子照料。有些人曾多次来烟台住在我家，其中有一位姓于的先生和我很熟，我叫他于大哥，中华人民共和国成立后在北京公安部某局任局长。大约在1978年，我出差去北京，曾到公安部见过他，他邀请我去他家吃饺子，可惜因工作较忙未能前往。可能是在2010年，我电话询问公安部组织部门，得知于大哥已调往国家安全部工作，经电话与安全部联系，才知道他已经去世了，非常遗憾。

记得是1941年冬天，我父亲、嫂子和我将一些特需药品送往解放区，药品装在我棉衣棉裤里面的小口袋内。我们一个老头、一位妇女和一个小孩，装扮成走亲戚的模样，顺利地通过了日伪军把守的关卡（当时叫口子），步行到距离烟台市几十里的一个村庄，按时交付了药品，在一户农民家吃完饭后当即返回。在我的记忆中，我的父亲和哥哥至少曾送两户人家去解放区，其中一户原先就住在我家北房西侧那一间半房子里，姓张，我叫他张大哥，是一位知识分子。他到解放区后，担任了相当一级的领导职务。至于说到我父兄为我党做了多少事，我不清楚，但是我很明白他们是在对付日本鬼子。我为有这样的父兄而感到骄傲，可我只是得到了他们的关心与照顾，却没能很好地孝敬报答他们，心中觉得十分愧疚。

过年（春节）是小孩子们最开心的事，穿新衣，放鞭炮，蒸年糕，做馒头（上面放红枣）、豆沙包和糖三角，还可以吃到平时少见的鱼和肉。家家户户院子和屋里都要做一番细心布置，大门上贴对联，进大门后正对面墙上贴“进门见喜”，炕（眠床）侧面的墙上贴“抬头见喜”，锅台（灶）的墙上贴灶码，就是灶王爷的画像，房主人把糖瓜（即麦芽糖）抹在他的嘴上，希望灶王爷“上天言好事，下地保平安”。传说灶王爷腊月廿三要到天宫，向玉皇大帝汇报工作，正月初一回到地面继续做事。人们大年初一天不亮起床，第一件事是给父母磕头拜年，父母发给压岁钱；

早饭是大白菜肉馅饺子，饺子里裹有红枣、赤豆等，吃到的象征运气好，其中有一只水饺还裹有一枚银币，谁吃到就奖给谁一块大洋。早饭结束后，就是自由活动了。

有一个本家亲戚，每年的年初二，一家四口都要来我家玩一整天。在我们那里，走亲戚和相互拜年是过年期间不可或缺的传统活动。走在大街上，邻居、朋友相遇要说点吉祥话，如“过年好”“恭喜发财”等。小孩子碰巧遇到亲友，也许还能收到一点压岁钱呢。从初一到十五元宵节，百姓自发组织了多种喜庆活动，如扮装的刘海戏金蟾、梁山伯与祝英台、白蛇传等戏剧，还有踩高翘、跑旱船的队伍穿大街走小巷表演；另有一种当地土话叫作“头头戏”的，表演者站在一个70—80厘米、四周密闭、比人高出数十厘米的箱形道具里，手脚并用操纵各种乐器和木偶，高出的那一部分是个小舞台，在上面表演各种节目。事先街道里弄会有人出面集一点费用，作为给表演者的酬劳。好像是农历二月初二（记不清了），烟台市的毓隍顶还举办庙会。那是一座道教庙宇，供奉玉皇大帝，庙前是个大广场，南侧大戏台上演出各种戏文，多半是唱京戏。广场上热闹非凡，人山人海，有说书的、耍杂耍的、练武的、唱小曲的，也有手工艺品和各种美食小吃叫卖，这里简直成了孩子们的乐园。

过新年期间，很多店家关门歇业，老板准备了全套锣鼓，让店员们在店内咚咚锵锵敲起来，走在大街上，到处都有锣鼓声，烘托起欢乐的节日气氛。大世界是烟台市娱乐和饮食业较集中之地，电影院、大戏院、说书场和变戏法、拉洋片、耍杂技的，以及饭馆、小吃店等应有尽有，称得上是游人如织了。日寇入侵烟台市后，这些热闹场景自然萧条了不少，但老的风俗习惯依然留存着，只是没有原来那么火热了。

现在我们国家的传统节日有春节、清明节、端午节、中秋节等。我记得小时候还有两个节，一个叫“寒食节”，是为纪念介子推母子的高洁情操的民俗节。这一天家家户户都不动火种，不煮饭烧菜，吃前一天做好的凉饭菜，故称“寒食节”。另一个是农历七月初七牛郎织女相会日，称为“乞巧节”。这一天家家用面烙成大小不一的巧果（用模子扣出来的面食），小孩们用线把巧果穿成串，拿在手上把玩。我国的传统节日多半与吃有关，我想是让人们，特别是农村辛苦劳作的村民，借用节日享受一下口福，而寒食节则大概还有让家庭妇女不做饭、休息一天的设想，我认为很有可能是这个节日的另外一层用意了吧。

学生时代是我人生当中的重要历程。我并不聪明，我担心自己在做事和学习中有可能事倍功半，所以只好笨鸟先飞；不过我也有一个优点——喜欢学习。在读初中一年级时，我组织了一个学习小组，地点设在我家，每天下午放学后大家聚在一起，交流学习体会，互帮互学，共同提高。同时我还准备了高年级的数学、物理、化学课本，交由小组成员分头预习准备并给大家讲解，以提高理解能力，增长更多知识。在小组学习时，同学们还经常交流个人的理想志愿，有人想当医生，有人想当教师，有人想当科学家，有人想开发海洋。我的志愿是当一名工程师，而且是当一名土木工程师，将来去建造工厂、修筑道路和建设桥梁。我之所以有这样的愿望，是受我哥哥的影响，他曾对我说“战争年代，无论是行军还是物资运输，都与道路交通有关，往往会受到道路和大江大河的阻碍”，又说“中国的工业非常落后，需要大发展，而大发展必须有完善的厂房和畅通无阻的道路作保证”。于是，我暗自确定了自己的志愿，因此也决定了我一生从事的职业。

我在北京汇文中学读书期间，正是我党在解放战争中节节胜利、迎接伟大的中华人民共和国成立的关键时期。汇文是一所教会学校，管理与教学井然有序，四人一间的学生宿舍，两张双人高低床，中间摆一张长条形桌子，供学生复习功课；寝室门上留有一个长方形小孔，舍监可以在门外面观察到学生晚自习的情况。每学期开学报到时，学生可拿到一张课程表，表上有两个功能号码：一个是教室的座位号，按照学生姓氏英语拼音的第一位字母排列，第一学期自前向后即从 A 排起，第二学期自后向前即从 Z 排起；另一个功能码，是清晨操场上升旗和做早操时的站位号，如哪位同学缺席或迟到，分管老师一目了然。

我们一个年级一百六十多位同学，分四个班，每个学期按前一个学期的考试成绩分班一次，前四十名为丁班；四十一至八十名为丙班；八十一至一百二十名为乙班；一百二十一名以后为甲班，被称为文科班。我被分在丁班。汇文中学的校风严紧，学生在上课时间外出必须请假；星期天和课余时间则可以自由活动，我们利用自由活动时间去登紧挨学校的北京城墙。城墙高大、雄伟宽阔，爬到城楼的最高处后，从城楼窗洞钻到角部的屋檐上，抱着檐瓦拍照。现在回想起来，我们当时确实有点“胆大妄为”了。然而，现在北京城墙已经被拆除了，实在是太可惜了。（图1、图2）

汇文中学有不少优秀的教师让我怀念。化学老师崔文治讲课非常风趣，把枯燥的化学课讲活了，被学生称为“半仙”，他能吹、弹、拉、奏多种中国民族

图 1　北京内城东南角城楼最高处窗洞外角部屋檐挑檐上

图 2　在宽阔的北京城墙上散步

乐器，每周去广播电台讲天文，还会算命，这可能是他“半仙”雅号的由来；数学老师号称“东北三杰”；历史老师授课深入浅出，故事性强，非常生动；教英语的老师有三位，一位是美国人莱太太，另两位是中国人，分别教授文法和会话；国术老师更神，盛传他曾经路见不平将两名美国大兵打翻在地。学校领导对国术比较重视，配备有刀、剑、枪等器具，上课时每个学生都可以拿到一件操练。学校有室内体育馆，可组织篮球、排球、乒乓球等体育赛事，场馆设备设施条件相当不错。

在北京汇文中学读书期间，我的学杂费获得了基本减免，生活上靠当时发给的每月三人两袋面粉勉强维持。

汇文中学在当年的学生运动中是比较活跃的，每一场运动都是有组织有领导地进行。学校内既有共产党的秘密组织，也有国民党的特务组织，相互间的斗争是在秘密中进行的。记得一天夜里，一名特工来学校抓捕一位进步同学，正巧该学生不在寝室，特工就将其同寝室的一名学生拉到学校的树林中逼供，并在他屁股上捅了一刀。此事件迅即引发了众怒，第二天校园里贴满了大字报，强烈要求政府严惩凶手。这天夜间，当那位躲过抓捕的进步同学返回学校时，传达室工友将当天发生的事件告诉了他，并动员他赶快逃跑。事有凑巧，进步同学是我同寝室一位同学的亲戚，因此他就在我们寝室睡了一夜，翌日清晨他设法去了解放区。北京和平解放后，他回到学校看望过我们，至今我还能清晰地记着他的音容笑貌和他的名字。

1948 年秋，我参加了一次秋游。实际上这是一次由我党的地下组织精心策划和领导的反蒋活动，北京各学校的学生们都踊跃参加。大家乘坐敞篷卡车到燕京大学，进入大门，右侧是一张十多米长、铺着红绸布的桌子，青年学生们争先恐后地在上面签下自己的名字，现场呈现一番难得一见的进步景象（我想，假如这块红绸条幅能保存到现在，肯定是一件极其宝贵的文物了）。然后我们在燕京大学同学的带领下参观了校园，每人还在该校新闻系拿到了铅印的歌谱——《团结就是力量》。大家唱着这首歌走进大操场，观看活报剧演出，内容是四大家族、蒋介石彻底灭亡等。演员们披着军用毛毯、挂着纸牌出场，纸牌上写着每个被扮演人物的名字，场面非常火爆。午饭后，大家乘车去清华大学礼堂观看学生演出，也是活报剧，四大家族出场时，披着军毯、纸牌上写着“蒋 ××”的扮演者坐到一张方桌上，另有三人围立在周围，一名身着京戏里探子坎肩的士兵急跑上场，高声喊道：“报！”“蒋 ××”问道：“何事惊慌？”探子回答：“沈阳失守！”“啊！”四人惊叹。过了一会，刚才那位探子再次上场，单腿下跪哭喊：“报！张家口失守！”“啊！”“蒋 ××”等四人脑袋凑在一起作研究对策状。约一分钟后扮演发言人角色的人走到台前宣布“蒋总统决定要举行国共两党谈判”，并提出了相应的谈判条件是要维护国体。随后发言人高喊“我们总统还有骨头”，并说“要保持法统”，“我们总统还要饭桶”。会场哄笑，气氛极为热烈。演出结束后，主持人对大家说，国民党政府责令所有前来接学生们的车辆一律回厂，否则将被严肃处理。不得已组织方又联系了其他社会车辆，让同学们再付部分费用，一起将学生送到北京大学的沙滩民主广场。广场上人山人海，我与几个同学挤不进去，只好爬上墙头，虽然危险了一些，但是却看得更清楚了：南北两堆篝火把广场照得通亮，人们正跳着化装的新疆舞，高唱着“达坂城的姑娘辫子长啊，两个眼睛真漂亮……”。这首优美动听的民歌，很可能就是由此传开的。广场上还有一些政治性很强的活动，可惜我离得太远看不清楚，不能表述。大约晚十时，参加活动的学生们陆续离场返回学校。后来听说，当时有的特务准备了手榴弹，但因广场上人太多而未敢造次。

汇文中学是民主气氛比较浓的学校，进步与反动两种势力之间的较量，每时每刻都在暗中进行。记得有一天，可能是下午的课刚结束，多数同学在室外活动，突然学校的大门关闭，十几个身穿黑色衣裤、手握短枪的人凶神恶煞地来到学校，命令同学们立即回到各自宿舍，再由学校有关人员带领，到每个宿舍逐个点名，对照照片抓人，一下子就抓走了几十位同学，一个多月后放了回来。这些人就是中华人民共和国成立后的新民主主义青年团成员，后来他们中有不少人加入了中国共产党。

1948 年，从东北到华北解放军胜利的步伐势如破竹，继解放了南苑机场后，又包围了整个北京城，整天大炮、机枪声不断。当时国民党政府派驻各校的教官，在校园内向学生讲解枪械知识。南苑机场被解放了，他们就在东单大草场改建了一个跑道长一千米上下的临时机场，供小型飞机起降。汇文中学距离这个临时机场只有几百米。为了保护北京这座古城，解放军向城内炮击的重点有两处：一是警备司令部，二是东单临时机场。汇文中学虽然离东单大草场比较近，但是却未遭到炮火误伤；我们的姊妹学校慕贞女中，距离东单临时机场更近，也只有一枚小型炮弹落于校园，未造成人员伤亡。后来，我只听说有一名男子在警备司令部附近故宫护城河的河面上溜冰被炮弹片击伤而亡，此外未听到有市民百姓被炸死或炸伤，铁的事实证明共产党对老百姓是无限关心和无比爱护的。不久，好消息传来——北京将要和平解放，全市人民欢欣鼓舞。1949 年 1 月 31 日，解放军的队伍浩浩荡荡从西直门进城，北京和平解放了。几天后的夜里，突然听到一阵激烈的枪声，据说是一部分国民党投降部队强行出城逃跑，至于是否跑掉老百姓并不清楚。和平解放了的北京，除了欢迎解放军的热烈场面外，一切如常，人们再也不用提心吊胆了，大街小巷整天播放着“解放区的天是明亮的天”的歌曲，古老的北京呈现一派欢乐景象，焕发出了新的青春。

我们的老祖宗从以物易物进行商品交换以来，钱币就成了人们生活中的必需品，离开它寸步难行。可是，回忆1945年以后至中华人民共和国成立一段时间币值的变化是惊人的，可以说是空前绝后的。抗日战争胜利后，国民党政府发行的货币叫法币，因为政府执政的弊端层出不穷，导致物价飙升，货币急剧贬值，人们要用面粉口袋盛着法币到市场购物。怎么办？穷途末路的国民党政府还是“有办法”的，他们祭出了一个“法宝”——美其名曰“币制改革”，发行的新币叫金元券，说是币值与黄金挂勾；老百姓须用黄金兑换金元券，法币三百万兑换一元金元券，国民党政府用此方法赚取了民间大量黄金。可是金元券也不为他们争气，很快又步了法币的后尘，币值一贬再贬，百姓想要用金元券去换回黄金，那比登天还难，是绝对不可能的。其实国民党政府所谓的“币制改革”，说白了就是骗取百姓手中黄金的一场骗局。中华人民共和国成立后，人民政府按一万元金元券兑换一元人民币的比例回收金元券；大概是在1955年，人民币又进行了一次改动，即用旧版一万元人民币换取现在的一元人民币。这样算下来，三百万亿法币才相当于现在的一元人民币。因此，中华人民共和国成立前老百姓袋装或手提法币去买东西的场景其实非常真实，一点也不奇怪了。

时间过得很快，1949 年夏，我中学毕业并考取了向往已久的北洋大学（即现在的天津大学）土木系，这是我从幼年时代起就梦寐以求的专业，如今如愿以偿，非常开心。北洋大学是晚清大臣盛宣怀上书光绪皇帝御批开办的高等学府，是中国由国家兴办的第一所全洋化大学。其校训是“实事求是”，校风淳正，学风是“用功、苦学”。学校里的图书馆是同学们自修的好去处，偌大的一个阅览室常常人满为患；自修时没有人说话，动作也轻手轻脚，偶尔只能听到一些轻轻的翻书声，环境安静宜于学习。教学用的课本大多是外国的，教师则是聘请国内外著名人士，如桥梁专家茅以升就长期在北洋大学任教，担任教授、院长和校长等职务。当时政府开办第一所高等学府尚缺乏经验，但在学校领导层和各相关方面的共同努力下，北洋大学不负众望，年复一年地为我国培养出一批又一批航空、铁路、公路、桥梁、建筑、电机、机械、物理、化学、地质等方面的高级建设人才。

北洋大学进步力量雄厚，中华人民共和国成立前在反饥饿、反独裁斗争中表现突出，与北京各学校配合密切。据悉，有一次国民党宪兵夜间突袭北洋大学抓捕进步学生，学校工友摇铃集结学生于校内大操场，众人硬是追到校外将被捕的同学“抢”了回来。

北洋大学既重视理论教育，也重视学生的实际操作能力，除设置有各种实验室和设备外，还有工厂实习，车钳铣刨等金工设备齐全。为了增加学生的感性知识，老校长茅以升还带上他建造钱塘江大桥的小电影片，亲自为同学们放映讲解，生动真实，效果非常好。为了提高学生的动手能力，学校还接受了石景山钢铁厂（后来的首都钢铁厂）厂区扩建的测绘任务。1950年暑假，陈健教授带领大一、大二年级的学生去实地绘制，住在厂里的一个小礼堂，睡地铺，吃的是厂里供应的饭菜，伙食很不错。每天一早大家扛着仪器上工，站在烈日下工作；中午休息，同学们以路边树荫下的空地为床铺，拿块砖头当枕头睡个午觉（因为太累了），倒是别有一番情趣。为了确定测点坐标，天不亮我就背着经纬仪上山，趁太阳尚未升起抓紧测量，避免强烈光线引起的误差，以确保测绘质量，用时一月余，圆满完成了各项测绘任务。别的同学我不清楚，反正我自己差不多已变成一个“黑人”了。然而，我却真心希望同学们用集体智慧绘成的五百分之一地形图，能有助于钢铁厂的扩建工程顺利实施。（图3）

图 3　在北京石景山钢铁厂（后来的首都钢铁厂）拟扩建区域做地形测量

按北洋大学的教学规定，学生在升入大二时可根据个人意愿转系，当时最热门的是电机系和机械系，但要求转入电机系的同学大一年级的平均分数必须在 85 分以上。我具有这个资格，于是顺利地转入了电机系。一个月后，我深感自己犯了个错误，因为我对电机方面的内容毫无兴趣，于是当机立断又转回了土木系。土木系的系主任对我说：“土木工程是国家大发展的基础内容，我们有责任在这方面做出努力，不要犹豫了，好好学习吧！”主任的一席话，更加坚定了我实现幼年即有的从事土木工程的志愿。土木系大二年级分三个专业——结构、铁路和市政，我选择了结构专业，正式确定了我一生将要从事的工作。

朝鲜战争打响，党和政府发出了抗美援朝的号召。我报名参加，填了申请表，检查好身体，做好准备，等待出发的命令，哪里知道，过了一段时间得到了“暂时不赴朝鲜战场，安心在学校好好学习，以备为国家的建设发展出力”的指令。战场去不了了，我又安下心来继续攻读。

我在北洋大学读书期间，国家发生了不少政治事件，抗美援朝后，相继开展了“三反”“五反”运动。与社会上机关团体、各行各业一样，学校里也开展得轰轰烈烈，对教师进行思想改造，发动学生给老师提意见，说是为了提高教学质量。紧接着是教育体制改革，要求将北洋大学改建成和清华大学一样的综合性工业大学，即把北洋大学的理科转入其他学校，把天津市一部分学校的工科转入北洋大学，这其中包括津沽大学、南开大学的一部分，以及河北工学院的全部；而北洋大学的地质系和航空系则要转往北京。当时，各方在学校的名称上争论很大，难以定夺。河北工学院院长坚决反对调整后的学校叫北洋大学，说这是吞并而不是合并，一时间火药味十足。统一思想后，北洋大学定名为天津大学，由时任天津市市长的黄敬担任第一任校长，于是乎一所崭新的综合性工业大学诞生了。但是，我总觉得把国家创立的国内第一所大学——北洋大学的名字改掉，是不明智之举。

中华人民共和国成立后，共产党的英明领导，迅速将一个曾经像一盘散沙、地方各自为政的旧中国，治理成了上下团结一致、政令畅通、蒸蒸日上的社会主义新国家，这是无数革命先烈流血牺牲换来的。一百多年里，我国人民曾遭受过世上大大小小列强的侵略和蹂躏，我们的祖国曾经是一派山河破碎、工业落后、社会萎靡、国家贫弱、人民穷困的惨淡局面。现在党和政府率领四亿五千万中华儿女，决心把中国建设成世界强国，这就亟需我们每个人发愤图强、勇往直前，为祖国的美好明天，做到生命不息、奋斗不止！

新中国急需建设人才。1952 年国家做出了一个特殊的重要决定，让我们这一届大学生提前毕业，投入百废待兴的国家建设中去。

走上工作岗位

我拿到毕业文凭等待分配时，要填写个人志愿。我填的第一志愿是去大西南，因为我始终没有忘记去大西南，在大江大川上修建桥梁，在崇山峻岭间修筑公路的幼时心愿；第二志愿是去大西北；第三志愿是服从分配。学校张榜公布了分配名单，每位同学都有了自己将为之奋斗的方向，我被分到地处辽宁省的鞍山钢铁公司。同学们个个兴高采烈地奔赴祖国建设第一线，这是国家首次对高校毕业生做出统一分配。我记得是 1952 年 7 月，由火车专列将来自几个地区的毕业生送到鞍山钢铁公司。一路上各大城市的火车站台上，欢迎、欢送的锣鼓敲得震天响；到达鞍山，迎接的锣鼓响彻云霄，气氛更加热烈，弄得我和同学们一样——心里热乎乎的，努力工作、报效祖国的信心倍增。

在我们生活安顿下来后，第一件事就是分配工作。很幸运，我的工作岗位是鞍山钢铁公司设计处土建科。

土建科分建筑、混凝土和金属结构三个专业组，我选择了金属结构专业组。工作岗位落实后，就要确定生活和工资待遇了。当时有两种形制——供给制和薪金制，供每个人自行选择，我毫不犹豫地选择了供给制。然而，组织上最后做出决定，对我们这批大学生员工一律实行薪金制。

新中国的发展建设突飞猛进，急需大量钢材。党和政府发出了全国支援鞍钢的号召，“钢铁元帅升帐”是当时我们国家的大政方略，要求钢铁企业要在全国平均每人只有几两钢铁的基础上，快炼多产，打赢钢铁增产这一仗。当时我想自己是钢铁战线的一员（当然是微不足道的一员），感到身上肩负的责任重大，下决心要用只争朝夕的革命精神努力做好自己的各项工作，以最好的成绩响应党和国家的号召。对兑现承诺，我信心满满。

鞍山钢铁公司是一家规模巨大的综合性钢铁公司，日本人占领时期叫“昭和制钢所”，虽叫制钢所，其实只有一座平炉炼钢厂。鞍山钢铁公司是一所综合性的大钢铁厂，有一系列配套工厂，如炼铁、小型轧钢、大型轧钢、钢管、焦化、耐火材料、选矿、烧结、发电厂等。它们必须相互配合，紧密合作。但它们似乎并没有从属关系，因为在生产配套上是各自为政的。例如焦化厂炼焦产生的煤气，完全有能力供应其他厂矿使用，可是有些厂矿为节省资金，自行建造煤气发生炉，让焦化厂产生的煤气白白放空，既浪费又严重污染环境。所以，当时鞍山钢铁公司生产系统的总体布局并不合理。鞍山钢铁公司当时的建设任务，不仅仅是修复被战争毁坏了的厂房和设施，还要对不合理的布局和落后的技术装备动手术、大调整。

1952 年 8 月的一天，是值得我纪念的日子。我接到了第一个设计任务——修复七高炉前的露天栈桥（鞍山钢铁公司的大型、无缝、七高炉，号称“三大工程”）。栈桥其实就是一个露天仓库，有两台天车负责材料、物资的搬运与堆放。我的工作就是对战时被炸坏的吊车梁和立柱进行测绘，并根据吊车新增加的起重顿位计算并绘制出修复的施工图。我今生的设计生涯由此开始了。由于当时一些主要工程的设计任务是委托给苏联的一些设计单位负责编制的，故我们土建科的任务是把一些厂房结构详细地测绘下来并提供给他们。测绘队成立后，我当上了队长，带领着一支三十多人组成的队伍开始了艰苦的测绘工作。我们每天在厂房、高炉上爬上爬下，甚至有时还要用安全带将自己悬吊在半空中进行测绘，惊险刺激，工作虽辛苦但是很快乐。七高炉等的测绘工作如期圆满完成后，接下来我们又先后对无缝钢管、选矿、发电厂和高压铁塔、管道支架等的加固修复进行设计。工作任务是重的，但我们生活和精神上却是愉快的。

鞍山钢铁公司在全国人民的全力支援下，奋发图强，日夜奋战，工地上、厂房里、高炉前，热火朝天，连连创造佳绩。先进工作方法、先进事迹、先进人物不断涌现，全国劳动模范也在这火热的劳动中产生。一时间，鞍山钢铁公司成了一个偌大无比的工地。施工中遇到与设计有关的问题，我们做到了随叫随到，哪怕是半夜三更，设计人员也会赶赴现场解决问题。总之，鞍钢的修复和扩建工程一刻不停。为保证工程施工的密切配合，做到有条不紊，公司从苏联学来了一些比较实用的管理方法，设置了各项工作进度表。其中，“大四表”规定了设计部门交付施工图的时间，要求施工单位的施工计划与设计部门的进度相衔接。例如，土方公司接到施工图后立即进场，在规定的时限内挖好土方；混凝土公司马上进场铺设混凝土垫层，钢筋公司进场绑扎钢筋；接着混凝土公司浇灌混凝土，环环紧扣。无论哪个环节脱班，都会打乱整个工程进度。“大四表”是命令，是规章，必须坚决执行！有一次我接到一项重要工程的设计任务，时间紧，任务重，为了按“大四表”限定的时间交出图纸，我三天两夜未睡觉，中间也没休息，硬是于深夜十二点前，把施工图送到鞍钢大白楼，严丝合缝地完成了设计任务。指挥部连夜晒图送去施工单位，保证了各公司按计划进度开工。加夜班工作，在当时是家常便饭，即使不加班，我们每天基本上也要工作到晚上九点，再由厂里的汽车送我们回宿舍。星期天也很少休息，一年之中真正能够休息的星期天屈指可数。现在虽然六十多年过去了，但是我还经常回想起当年那种紧张的工作状况，以及见到自己设计的图纸建成后那种满足喜悦的心情。所以，当时我所付出的一切紧张与劳累，都是值得和应该的。

随着建设任务越来越重，鞍山钢铁公司对设计部门的要求也越来越高。很快我所在的鞍山钢铁公司设计处升格为设计公司，继而升为设计院。在苏联专家的帮助下，设计院新建成了一幢设计大楼，被命名为“重工业部黑色冶金设计总院”，脱离了鞍山钢铁公司的建制，由国家重工业部垂直领导。总院内设计人员众多，专业技术力量雄厚，我们土建设计人员按专业分成炼钢、炼铁、选矿、烧结、焦化、耐火材料等若干个大组，我担任了焦化设计组的副组长。我们大组有五十多名专业设计人员，分成了建筑、金属结构、混凝土等设计组，专门从事与焦化厂有关的设计任务，为国家“钢铁元帅升帐”的成长壮大当好先行者。（图 4）

图 4　鞍山重工业部黑色冶金设计总院大楼

1956年，国家重工业部体制改革，分别改为冶金工业部和机械工业部。此时，我们设计院面对的不再只是一个鞍山钢铁公司了，而是要为全国的钢铁企业发展服务，因此总院迁往首都北京，改称北京冶金部黑色冶金设计总院。这是一个大调整、再分配的大动作，我院一部分设计人员要随迁北京，与当时的北京设计分院的部分人员合并；北京设计分院的部分人员迁往鞍山设计院工作。鞍山设计总院的人马一分为五，分别成立了鞍钢黑色冶金设计院、鞍山黑色冶金设计分院、重庆黑色冶金设计分院、长沙选矿烧结设计分院及秦皇岛焦化耐火设计分院。由此我们可以清楚地看到，党和政府为了奠定各项事业发展的基础产业——钢铁，决心是何等之大啊！我有幸成为了迁往北京的工作大军中的一员。

大概是1956年底，因包头钢铁公司上马建设的需要，北京总院抽调很大一部分设计人员到包头，成立了包头黑色冶金设计分院；又在1963年，为马鞍山钢铁事业的发展，北京总院再次抽调人员，成立了马鞍山黑色冶金设计分院；大约在1965年，北京总院派出一批人赴酒泉，成立设计处以适应酒泉钢铁事业发展的需要。至此，我们国家钢铁事业发展和为其服务的专业设计院总体布局，基本上定下来了。

我于1956年6月晋升为工程师，在土建科一个专业组任组长。当时有一位生长在革命圣地延安、留学苏联归国的年轻老干部戚元靖成为我的组员（他后来当上了冶金工业部部长）。

1957 年，应上海钢铁公司的邀请，北京设计总院派我去该公司设计处协助工作，主要工作是为上海钢铁公司一、三、五厂的改造做设计，为期一年。在沪工作期间，经朋友介绍，我非常荣幸地与现为我妻子的陈铮华相识，相恋，相爱，圆了我终身的爱情梦。结婚后，爱妻全力支持我的工作，一人承担了全部家务和养育两个孩子的繁重事务，还经常提醒我要保重身体，好好工作，对我的帮助很大。有她这么一位不离不弃、任劳任怨的贤妻良母作为我的终身伴侣，是我前世修来的缘分，我感到一生幸福！

1957年底我返回北京，立即接受了两项研究任务：一项是锻锤振动对厂房结构的影响；另一项是宣化地区大孔土对厂房建筑的危害。第一项，我们与冶金部建筑研究院合作，前后到抚顺、包头、上海、太原等相关企业，测试了各种吨位锻锤在不同地质条件下的振动情况，取得了对厂房结构影响的相关数据，完成了两篇研究报告，受到了上级的肯定和表扬，我还光荣地参加了冶金工业部召开的先进工作者表彰大会，拿到了奖状（可惜我把奖状弄丢了）。第二项调研任务是前往宣化做实地试验，经多方论证，我们就大孔土对厂房的危害、应采取的措施及具体处置办法，写出了一个切实可行的研究报告，按时完成了调研任务。

1958 年，院领导安排我去官庄干部学校学习。

几个月后，在全国人民如火如荼大炼钢铁的情势下，我作为国务院技术团的成员，随团奔赴山西晋城铁厂协助工作。晋城是白煤产地，工作的重点是小高炉用白煤炼铁。这期间有趣的是我被技术团领导看中，赶鸭子上架让我担任小高炉白煤炼铁培训学校的副校长（校长由当地人民公社党委书记兼任，但从学校开学到结束也没见到他的身影），学校设在大阳乡政府内。我只好埋头学习炼铁知识，参考铁厂的实践经验，自己动手编写讲义，当了一回现学现卖的老师。培训学校连我在内共四位老师，共同努力连续培训了三期，参加培训的学员通过学习，基本上掌握了操作技术，回到各自单位都成功地把铁炼了出来。每期培训结束，学员单位和学员都送锦旗到学校表示感谢。技术团撤离时，我将全部自编讲义送给了当地政府，以方便他们继续培养小高炉白煤炼铁的技术人才。在教学期间，我曾多次回晋城参加会议，从大阳乡到县城没有交通工具，只能靠自己的两条腿走，每次都是清晨太阳未升起时出发，夕阳西下时才能到达晋城，会议开一整天，第三天再步行返回大阳乡。其间曾发生了很多既有趣又令人啼笑皆非的故事，这里就略过不谈了。

1959 年底，技术团撤回北京时，我们设计院正在轰轰烈烈地开展技术革新和技术革命活动，设计人员在快速制图、快速设计、改进工具、建筑材料创新等方面进行攻关，夜以继日，热火朝天，已经到了废寝忘食的程度。我们每天工作到晚上十二点，去食堂吃点夜宵后，继续工作到翌日凌晨两点左右才回宿舍休息，早上六时许又起床，快速简单洗漱、早餐后，立即走进办公室，接着干昨天晚上未做完的工作。这种紧张的工作状况，持续了将近一年，忙是忙了些，累也累了点，但精气神却很高——工作着是快乐的！这个时间段正值国家三年困难时期，物资供应十分匮乏，我有好几位同事患上了浮肿病，但他们仍然坚持正常工作。技术革命运动后期，我参加了新材料研究工作，重点是玻璃钢替代金属材料，目的是节省钢材。然而，我们花了不少工夫，费了许多精力也没搞出个名堂来，以失败而告终。当时也有人把竹子当钢筋做“竹筋混凝土”结构，这是因为当时我国钢产量太低，不得已而为之的做法。当年要求各种建筑设计必须节省钢材的用量，这已成为每位设计人员要努力攻克的重要课题。

我与铁合金结下不解之缘。1962年，院领导派我到湖南铁合金厂，做现场设计并负责现场设计管理。一起工作的人数量不多，我是土建方面的小头头，只要我在设计图纸上签字，就视为我们设计院认可了。湖南铁合金厂在湘乡，那是毛泽东主席读过书的地方。我曾到那所中学去参观主席听课的教室，看到室内墙上挂满了毛泽东主席写给他老师的信件，字体非常工整，书法基础深厚，充分显示了毛泽东主席对恩师的敬重，我非常感动。在湖南铁合金厂的设计任务结束后，我们在北京设计总院一位总工程师的率领下，从新乡直接去了贵州省遵义市，又接手了遵义铁合金厂的现场设计和现场设计管理工作。我们这个设计团队中，还增配了铁合金和电气等科室的设计人员，由于我们土建方面的设计人员不够，便动员了遵义铁合金厂和遵义市建委麾下的土建设计人员补足。设计团队与建设单位密切配合，实行边设计边施工，工程进展顺利。生活上安排照顾得很周到，只是我不适应的一点是“铁合金厂里的食堂无菜不辣”的口味。同事见状用上海话调侃我说：“湖南人不怕辣，四川人辣不怕，贵州人怕不辣，侬哪能不晓得呀？”因为铁合金厂地处遵义市郊，周围餐饮服务业稀有，因为怕辣，我不得已只能去社会餐馆用餐。第一次到山坡上的一家饭馆时，我要了一个炒腰花，唯一条件是不要放辣椒。饭店首席厨师站起来说：“我来炒吧。”他炒好端上桌，面带微笑道：“请您尝尝，看好不好吃？”我举筷尝了一口，说：“味道挺好，不错啊！”厨师如释重负地说：“还好，炒腰花不放辣椒调味，我从业以来还是第一次这么操作呢！”贵州人为啥那么热衷于辣椒？我在当地听到了不少说法，其中最让人心酸的说法是：历史上贵州缺盐，穷人买不起高价的食盐，只好用辣椒来替代；直到20世纪60年代初，贵州山区百姓还保留着一种用盐方法，即把一包盐用布包起来，用绳子吊挂在锅灶上方，炒好菜出锅前，拿下盐包在菜里转几圈，把盐包仍旧挂起来，名曰“着盐”。这委实令人同情。当然，中华人民共和国成立人民翻身做主人后，贵州人民不再缺盐，而喜欢吃辣椒只是自然环境、气候条件、生活习惯决定的了，没什么可奇怪的。我留恋贵州良好的生态自然环境，那里山清水秀，空气清新，气候宜人，人民淳朴好客，是个令人神往的地方，真想有机会能再度投身到她的怀抱。

我去参观遵义会议会址，认真听取全程讲解。讲解员重点阐述了遵义会议后，我们党是如何巧妙应对国民党重兵围剿，取得革命节节胜利的光荣战斗史。遵义会议是中国无产阶级革命事业的转折点，是中国共产党领导的人民军队走向成熟、发展壮大的新起点，为消灭日本侵略者、打败国民党反动派、解放全中国、建立中华人民共和国奠定了坚实的基础。遵义是当之无愧的无产阶级革命圣地，值得我们代复一代地前往瞻仰。

1963年冬，遵义铁合金厂现场设计工作结束，厂里派大卡车送我们撤离。我坐在副驾驶的位置上，全程观看了途经贵州、四州两省的崇山峻岭和大河深涧，真可谓险象环生，让人有些胆战心惊。一路上我看到竖立在路侧崖边的石碑，记载着车辆坠下百米深谷车毁人亡的时间（当时山路狭窄，沙土路，弯道多，视线差，车况不好）。过了七十二道拐，进入四川辖区，我们改乘火车去重庆。第二天，我们一行设计人员再起程回到小别的北京。

是年，我国对越南、阿尔巴尼亚等社会主义兄弟国家的援助开始了。我回到设计院后，立即又接受了新的任务，领导让我担任援外工程设计组组长。我和同事感到肩负的重担既光荣压力又大，共同的心愿是努力做好设计，决不辜负院领导的信任和被援助国家人民的期待。开始设计的第一个项目，是援助越南建造太原钢铁厂。工作中我们要求很高，设计上必须切实做到安全和节约，特别是要注重节约钢材。实际工作中我们要求更高，设计上精益求精，全力以赴，图纸要做到一丝不苟，说明要字体工整，交代清楚。总之一句话——为了援越，我们真是下了大功夫。设计工作完工后，设计院再派专业技术人员到现场，帮助他们建造厂房、安装设备、点火开工试运转，保质保量，负责到底。

接下来开始的第二个援外项目，就是援助阿尔巴尼亚为镍铁矿冶炼建造样板厂。阿尔巴尼亚有一种独特的铁矿，矿石里含有镍、铬、钴等稀有金属成分，俗称“镍铁矿”。镍、铬等金属，是冶炼特殊钢材，如防磁耐热不锈钢时不可或缺的宝贝。但是在普通钢材里，它就成了“捣乱”者，要炼出合用的普通钢，就必须把它们先提炼出来。阿尔巴尼亚原先是请苏联帮助研究和试验的，当时苏联政府委托经济互助委员会具体负责。正当此项研究工作接近完成时，阿苏关系破裂，援助工作停摆。怎么办？时任阿尔巴尼亚最高领导人霍查来我国访问时，向周恩来总理提出援助要求，并说：“现在，在这个世界上，我们只有一个朋友了——就是中国，也只有你们能帮助我们了。”

当场，周总理一口答应下来，又立即把任务下达给冶金工业部。冶金工业部又将具体工作落实给黑色冶金设计总院和钢铁研究院组织实施。课题研究工作完成后，为了验证镍铁矿冶炼方法的可靠性，更是为了确保阿尔巴尼亚建厂成功，领导决定在国内先按阿尔巴尼亚拟建厂规模建一个样板厂，待取得实践成功经验后再赴阿尔巴尼亚建厂。这个样板厂选中浙江省杭州市建德县寿昌镇附近的铁合金厂（生产铬铁的县团级厂），为保守机密起见定名为横山钢铁厂。为解决从阿尔巴尼亚运来的镍铁矿石运到厂里的问题，国家修建了从金华到建德白沙镇的铁路，并修建了寿昌站至横山钢铁厂的铁路专线。这样，经海上运来的矿石，在上海卸船装上火车即可直接运达横山钢铁厂。当时领导把厂址选在寿昌，除了因为那里是浙江的小三线外，主要原因我个人猜想还是运输问题方便解决。冶金工业部对我们设计的要求很高，无论是冶炼、设备、机械、电气、供水、建筑、结构，还是废气回收、排放等，都要按最先进的技术设计。当时我提出了在厂房屋面系统采用钢网状壳体结构建议，尽管此前我只在一份国外杂志上看到过一张这种结构的照片，我们国内尚无这样的建筑。我建议和推荐这一结构的理由一是安全，二是节省钢材，于是得到了上级的支持并顺利实施。

为了加快样板厂的建设进度，设计院决定抽调各专业相关人员组成设计组，赶赴现场完成该厂的设计任务，建设银行派员进驻厂内，钢铁研究院也经常派有关人员参与现场工作。这样一来，设计加快的同时，下拨款项、设备订购和与施工单位衔接等方面也就快捷多了，大大提高了工作效率。

网壳结构的设计施工，我们是与建工部科学研究院合作完成的，先设计制作了一个小型的网壳屋面，仿照样板厂屋面的受力情况加荷试验。建工部建筑科学研究院派员带着专用仪器和设备前来现场测试，结果证实了设计理论和计算方法正确，网壳结构的安全性能得到保证，施工由浙江省第二建筑工程公司负责。设计图纸完成后，网壳结构制作与施工都很顺畅，地面制作好整体吊装，既节省钢材又方便了施工，一项新技术就此诞生了。此外，在土木建筑工程上，我们也采用了另外一些新技术，如在三千立方米煤气柜水柜的设计上，用钢板做水柜当然简单方便，但钢材短缺不现实，但如果现浇混凝土，水柜那么大的体量要用许多木材做模板，也有困难。于是，我们大胆采用了中国民间工艺——箍木桶的方法，即按照合适的尺寸，将水柜的柜壁分成若干片，围绕水柜的基础做成钢筋混凝土预制板，养护到期后一块一块扶起来呈桶状，再用高强度钢筋以电热法如同箍木桶一样把水柜箍起来。应施工单位的要求，我担任了这项工程的施工总指挥，在全体人员的共同努力下，土法上马大胆实践，成功地完成了煤气水柜的建造任务。（图5、图6）

图 5　钢网状壳体层面结构整体吊装

图 6 为验证设计理论制作的小型钢网状壳体屋面结构

其间，国务院分管援外工作的副总理方毅、专家马洪等领导，多次前来现场视察，对参加建设的设计、施工等所有人员表示亲切的慰问。阿尔巴尼亚元首霍查亲自来现场了解工程进展情况，并向所有参建人员表示谢意。同时，工厂还举办了培训班，对将来赴阿尔巴尼亚履行援外任务的人员，进行阿尔巴尼亚语和岗位操作技能培训，提前培养了一支援阿队伍。

经过厂方、钢铁研究院、黑色冶金设计总院和施工单位的共同努力，样板厂按计划建成了。试生产工作一炮打响，用电炉冶炼法提出镍、钴后，产生的矿渣再进电炉冶炼出来的钢，经检验材质合格并用此钢轧出了合格的板材。我们圆满地完成了国家交给的"援阿工程试验"任务。冶金部向横山钢铁厂提出要撤回设计组，厂方表示如果设计组撤走，援阿工作他们很难管下去，要求冶金部留下几位专业人员。经实事求是的协商，冶金部决定从设计组挑选几位相关人员，人事关系正式调入横山钢铁厂，重点负责实施援阿工作。我自愿与几位同事留在横钢，除热爱这项援阿工作外，也想借此机会解决与妻子长期两地分居的问题（我于1962年结婚，那时已是1969年了，夫妻仍旧两地生活）。结婚后，我曾经三次提出调往妻子所在的上海市工作。第一次，上海冶金设计院发函给北京设计总院，商调我到他们院工作，并说明进上海的全部手续均由上海院负责办理。这是一个多么好的机会啊！但北京总院不同意，没有成功。第二次，上海冶金设计院一位五级工程师（当时比我的级别高）愿意调北京工作，对调我到上海任职。我们两人写好互换协议，分别上报各自所在的设计院，上海冶金设计院立即发函北京设计总院表示同意，可北京设计总院不同意。第三次，“文化大革命”后期，黑色冶金设计总院更名为北京钢铁设计总院（再后来又改名为北京钢铁设计研究总院），领导同意了我调入上海冶金设计院的申请。哪里知道，商调函发出后，上海冶金设计院很快回复“同意接收，但进上海的手续需由北京总院办理”。因为当时上海的造反队正在市人事局造反，说“你们人事局不关心工人阶级的事，只办理政府官员和知识分子的工作调动，我们要造你们的反！”因此，上海市人事局停止了一切人员的调动工作。我心想自己调入上海工作无望，看来还是调进横山钢铁厂现实些，可以把爱妻也调进横钢工作，夫妻团圆，结束七八年两地分居生活，岂不是好事一桩！

1970年，我和妻子都调进了横山钢铁厂。厂里分了一套不大的房子给我们，我和妻子终于有了一个属于自己的“窝”啦！这么多年我们不在一起生活，仍然恩爱如初，说明了我俩的爱情基础牢固，经得起时间的考验。我非常庆幸自己有这样一位德才兼备的妻子，真心感谢月下老人的恩赐。爱妻陈铮华，1958年毕业于上海师范学院，任职于一所中学，教书育人十二载。她性格坚强，为人真诚，品德高尚，不随波逐流，不人云亦云，严于律己，以诚待人。她在教学工作中，讲求教学方法，关注学生的心理反应，针对性强，讲课生动易懂，深受同学们的欢迎，至今仍有好多学生与她保持联系。她在读书的时候，上海电影制片厂去学校挑选演员，她被选中并先后参与了几部影片的拍摄。然而，当制片厂决定招聘她为正式演员时，她却拒绝了，因为她不习惯影片中男女演员那些亲密的表演动作。多少人对当演员趋之若鹜，而她竟会轻易放弃天赐良机，这正是她的高洁之处。我们调到横山钢铁厂生活在一起后，她完全支持我的工作，一个人承担起了全部家务，还经常对我的处事方法提出建议，鼓励我要全身心地做好工作。如果说我曾做出了一点成绩的话，其中绝对包含了她的心血和奉献。可惜的是，她因为我而离开了她热爱的教育战线，未能充分发挥她培育桃李的全部能力与作用，这是我对她今生永远的歉疚……陈铮华是我的好妻子——我爱她一生一世！

调入横山钢铁厂，说明我从毕业走进设计院工作、一干十八年的设计生涯结束了。回想起来，还真有点难舍难分的感觉呢。其间，我从事了设计、制图、测绘、科研等各种工作，深入基层接触施工单位，有时直接参与施工并从中获取知识，进一步明白了实践出真知的道理，懂得了理论的重要，因为只有正确的理论指导，才会有成功的实践。每一项设计，包括施工，都要在正确理论指导下进行，反过来又要通过实践来丰富、发展、升华理论。设计工作与研究工作不同，研究工作可以失败百次千次，而设计工作必须一次成功，不能失败；一旦失败，轻则造成财物的重大损失，重则人命关天。这更加证实了理论知识的重要，是一个人必须学扎实的看家本领。学校里学到的多半是理论，是一个人的筑基阶段，基础打扎实了，实践中少出差错，又说明了学校教育工作的重要，每个环节紧密相扣，互为作用，都偏废不得。

我对北京黑色冶金设计总院相当留恋，因为我是在那里从一个只有一点书本知识的青年慢慢成长的，那里有与我一起摸爬滚打的知心同事和关心爱护我的前辈，还有令人尊重的领导，是他们不断地给予我帮助和指导，如张志泉科长、许陶培总工程师等。我同样很留恋北京，她古老壮丽的城市面貌永固在我的脑海里。成千上万只娇燕在城门楼上飞舞，也许这就是北京别名燕京的由来吧！轻松行进在城外黄土古道上的骆驼队，扬起的阵阵黄土；小胡同里一二厘米厚、一踩到底的细

图 7　浙江省横山钢铁厂全景

土，让我亲身感受了老舍笔下“无风三尺土，有雨一街泥”的精彩景象；东单大操场旁熙熙攘攘的人群，身穿长衫，手拿银圆，叮叮当当敲打，不停地发出“买两个、卖两个”“黄的白的绿的”等叫卖声；还有长安街上的三座门，东四、西四的牌楼，以及嘀铃铃、嘀铃铃在大街上行驶的有轨电车……这些场景都闪耀着古老中国悠久灿烂文化的真谛。

横山钢铁厂是一家中型企业，占地约两平方公里，职工数千人，技术力量相当齐全，生产冶炼特殊钢材必需的铁合金铬铁（原材料之一）。（图7）我被安排在厂基建办公室工作，还是干我的老本行——设计。我在横山钢铁厂的十年中，主要做了以下几件事：

（一）三车间天车脱轨，造成房架和屋面板坍塌，吊车梁折断，厂房立柱歪斜，冶炼工作被迫停工。为了尽快恢复生产，全部采用钢结构，以最快的速度修复了厂房，最大限度地减少了事故给生产造成的损失。

（二）自行设计建造大礼堂。横山钢铁厂虽然是部属重点企业，属地管理归属杭州市，但在当时先生产后生活的工业发展思想统领下，其生产虽然轰轰烈烈，职工却没有一个业余活动场所。少之又少的电影放映，只能放在露天广场，职工老少一家人手拿小板凳到银幕前抢位置，别有一番情趣，有时还会被下雨搅得中途停止放映，弄得大人孩子怨声一片。如是，全厂职工和家属强烈期望能建造一个大礼堂，以利于职工业余文化生活的开展，但均因故未能付诸实施。“文化大革命”后期，革命老干部王一夫调横山钢铁厂任革委会主任（听说他曾任北京黑色冶金设计院院长，后调任浙江省冶金局局长，“文化大革命”中受严重冲击，获得“解放”后第一站到横钢任职）。他重视职工的诉求，向杭州市政府打报告要求建造横山钢铁厂大礼堂，经批准立项并划拨了为数不多的工程用款。设计的事责无旁贷地落到了我身上。设计中，为节省钢材和资金，我采用了空间理论——立柱用砖头砌筑，跨度二十四米，大悬臂楼座，全电动舞台，设一千七百个座位。礼堂地下建防空地下室，在座位之间的过道上留通风口，用鼓风机把地下室中比较冷的空气送进礼堂，替代空调，效果挺好。大礼堂建成后，在杭的剧团前来演出时，赞誉该礼堂是“杭州第二剧院”（第一是地处杭州武林广场的杭州剧院，当时是最好的）。

（三）建设新安江引水工程。横山钢铁厂生产、生活用水需求量大，而钻探取地下水既量小又含氟，所以用水紧张。因此工厂报告冶金部，要求从新安江引水进厂，经冶金部派人员实地调查后批准立项并拨专款建设。因为这项工程专业性强，故厂里委托上海市政设计院勘察设计，施工图一出来即开工建设。取水口选在新安江大坝下方，先在适当位置建造取水沉井，与此同时我们厂基建办公室为铺设输水管道，与沿线村庄商定了用地补偿和工程施工方法等各项事宜，确保了引水工程的顺利开工。很遗憾，这期间我调离了横山钢铁厂，未能亲身参与工程建设。据了解，后来由于多种原因，引水工程半途“流产”，实在是太可惜了。我认为这是横山钢铁厂的一大损失，真可谓是“机不可失，时不再来”呀！

（四）修建储水池挡水坝。横钢厂随着生产用水量的不断增加，储水池里水的容量不够用，需要建一座挡水坝扩大储水池的储水量。我完成图纸设计后，参与了施工队的修建工作，还兼任施工监督。

（五）参与寿昌江铁路大桥的检修。该大桥是一座承载火车通行的钢混铁路桥，投入使用已十多年。经道路检查发现，混凝土大梁上出现了细小裂纹，桥的安全令人担心。为此，横山钢铁厂基建科配合上海铁路局检修队，采用电热法对铁路桥进行了加固，以保证车辆的通行安全。

（六）建造镍钴提纯车间。工艺系统由浙江省冶金研究院负责；厂基建办公室负责厂房及有关设施设计。

在建设中我们也运用了一些先进技术，如拼装式混凝土结构等。

“文化大革命”结束后，我们党实行改革开放政策，领导全国人民开创了大力发展经济、提高人民生活水平的新时期。回想抗日战争和解放战争那段历史，就是因为有了中国共产党及其领导的人民军队，经过流血牺牲和艰苦卓绝的武装斗争，才取得战争的彻底胜利，建立了新中国。中国人民翻身得解放，从此站起来了，社会发展日新月异，人民生活幸福安康，只有共产党的领导才会有国强民富的兴旺景象。因此，我决心参加中国共产党，以便在国家改革开放和经济建设中充分发挥自己的微薄力量。我向党组织郑重地递交了入党申请，在党组织的关怀和考验下，我于1978 年 7 月实现了自己的夙愿——加入中国共产党，成为了一名光荣的预备党员；翌年按期转正。从此，不论在生活上还是工作中，我都坚持做到以共产党员的标准严格要求自己，努力争取做一名永不褪色的共产党员！

我1970年调入横山钢铁厂，一年后被任命为厂基建办公室副主任，1977年被推选为中国人民政治协商会议浙江省第四届政治协商会议委员（图8），1978年被推选为杭州市科学技术先进工作者，参加了杭州市先进工作者表彰大会（图9）。1978年初，我升任横山钢铁厂副厂长，分管厂里的基本建设工作。走上领导岗位，在其位就要谋其政，做好厂里的建设工作

图 8　1977 年横山钢铁厂为我参加省政协会议送行（右一是厂长林元武）

图 9　参加杭州市先进工作者大会后在全厂职工大会上发言

是我的职责。不过，除此之外的事仍旧不少。首先，着手解决厂里的生产用水和生活饮水问题；其次，由于厂内家属宿舍均没有卫生间，因此须着手改造，并为新建住宅配好卫生间，从根本上解决使用公共厕所不方便的状况。同时，我认为厂里的机修车间设备齐全，技术力量强，建议应予以充分利用，对外扩大业务范围，紧跟祖国改革开放的步伐，与时俱进地为社会生产一些急需产品，增加企业收入，提高职工的工资水平。但这些都因为我调离横山钢铁厂而未能付诸实施。尽管我离开了横钢，但是我仍旧经常怀念它。

踏上从政路

走上工作岗位二十八年后的1980年，杭州市政府任命我为杭州市建筑工程局副局长、市建筑工程总公司副经理。局直属施工企业有杭建一公司、二公司、住宅建设公司和安装公司等，涉及范围广，业务门类多。建工局的主要职责是监督、管理全市工程建设事宜，都是关系到百姓切身福祉的事，一点都马虎不得。幸好我在横山钢铁厂建“样板厂”期间接触并参加了一些工程建设工作，有那么一丁点底气，不至于心中发毛。

上岗任职，与局里几位领导见面，经交谈全面了解了建工局的一些情况，我自己觉得对职责业务还不算太陌生，并下决心先从深入基层熟悉情况展开工作。我相继到了几个下属公司，在工地上与工人同劳动，共生活。不论北风多大，寒冬多冷，太阳多猛，酷暑多热，建筑工人都必须在露天施工建设，颇为艰辛和不易。通过深入基层调研并熟悉情况，我亲身体验到了建筑工人的辛苦，深感其奉献精神是应该得到人们尊敬的！

国家建委张百发副主任率工作组来杭，推行建筑行业创全优工程活动，组织沪宁杭三市开展创全优工程竞赛。我们杭州地区除市属建工企业参加外，还将省建筑工程局及其所属建筑公司包括进来，组成了一个属地管理企业参与的大团队，与上海、南京组成联合检查组，分赴三市对在建的工程进行检查评比，选出优秀工程予以表彰。这样做下来，对施工技术、施工方法的改进和工程质量的提高，都起到了明显的促进作用。其间，我们还组织专业技术人员去北京观摩施工，交流经验，学习技艺，增长知识，开阔眼界。

建工局的工作对我做设计也大有助益，因为对一项建筑工程的设计，首先必须关注它的坚固美观与经济实用，同时还要关注便于施工、节约人力物力和提高施工安全度等方面。只有达到这些要求，才能称得上高质量的工程设计。

回归设计老本行

我在市建工局工作的时间不长，1981 年调到杭州市建筑设计院，任院长、总工程师、院党委委员。当时的院党委书记是鲍杰同志。我们俩合作紧密，配合默契，工作进展顺利。杭州市建筑设计院是一家中等规模的设计院，包揽了建筑设计、市政道路设计和地质钻探、地形测量等多项业务，是一家功能完整、全面的设计单位。省会城市杭州，是一个正在高速发展中的城市，其地域优势明显，腹地广阔，交通便捷，拥有众多风景名胜和文物古迹，文化积淀深厚，发展前景令人期待。作为主要服务这座城市的建筑设计院的一员，我深感自己肩负的责任重大，必须千方百计做好本职工作，为杭州的大建设大发展贡献力量。我的做法是团结全院人员，消除各种矛盾，引进优秀人才，提高建筑设计院的整体水平；加强组织纪律和规章制度建设，确保设计质量，注意节约；鼓励创新，工作分配尽量做到使每个设计人员都能充分发挥自己的主观能动性；做好生活服务和后勤保障工作，解除设计人员的后顾之忧。

当时我还有一个设想，就是利用院里比较强的地质钻探力量，借为工程建设项目钻探的机会，有意识地适当扩大钻探范围，并利用工作的间隙时间对杭州市区范围内未经钻探的区域做普查性的钻探，用几年的时间将钻探取得的第一手资料，绘制一套杭州市区地质图，供建筑工程设计方案讨论时参考。

市建筑设计院陆续引进了一些优秀人才，强化了设计力量，很好地完成了一大批重点工程的设计任务，如中国银行延安路营业大楼、杭州新侨饭店、友好饭店、黄龙饭店等。同时，院里还在当时财力允许的条件下，为职工办了些生活福利方面的事情。在院党委集体领导和全院人员的共同努力下，一时间市建筑设计院呈现出一派生气勃勃、蒸蒸日上的景象。

短短的建委任上

1983年初春，我调任杭州市基本建设委员会任副主任、党组副书记，主持建委的全面工作（建委主任由分管副市长兼任）。建委系统几乎包括城市全部建设和城市管理工作，主要有规划设计、建工系统、环境保护、环境卫生、公用事业、园林绿化、文物古迹、道路交通、城市管理和公交系统等，是一个大摊子，件件事情都关乎市民百姓的切身利益，必须深入了解和掌握情况，才能有的放矢地开展工作。于是，我除了日常必须在机关工作外，就是走出办公室到基层去调查研究，了解情况，发现问题，采取对策，指导工作，总结经验，仔细地做好每一件事。我在市建委只短短工作了几个月，收获却不少，使我对杭州市建设方面的情况有了较全面的初步了解。

三年多的副市长历程

1983年上半年，中共杭州市委、市政府换届，我被推荐为副市长候选人，经上级和组织部门考察，报经市人大常委会讨论通过，我被正式任命为杭州市人民政府副市长。

上任第一天，在市委、市政府新一届领导班子见面会上，市委书记厉德馨主持会议。他在开场白中一语点出了班子的义务，很经典，很警醒，他说："我们是来当苦力的……"这句话令我印象很深，至今难忘，实际工作完全证实了厉书记这句话千真万确。当时尚未实行一周双休制度，星期天这样的休息日若能够自由活动是很难得的。星期六下午从外地或基层回到办公室，往往会看到机要秘书放在办公桌上的纸条——"明天上午八时，市委会议室开会"，或者"明天某时某某单位开方案汇审会议，请出席"，等等。即便没有会议通知，也经常有些急需的工作要在星期天处理。每天晚饭后，是阅读文件和处理公务信件的最好时光，最怕这段时间有临时接待任务，然而很多接待任务一般都安排在晚间，所以我工作到晚上十一二点是常有的事，说是“当苦力”也不算太过分。（图 10）

市政府新领导班子的第一次会议是工作分工，明确了每一位副市长分管的工作内容。我分管市建委系统是必然的，因为我还兼任建委主任一职；此外，分管城区、人民防空等工作并负责联系在杭的中央直属企业——电力、电信、邮政、铁路、民航，外加杭州军分区和陆军某师，后来不知不觉中竟然也管起旅游工作了，这可能是因为我分管园林绿化和西湖风景名胜区保护建设的缘故吧。至于联系杭州军分区和陆军某师之事，也就是尽可能帮助部队解决一些需要由市政府解决的问题罢了。支持军队的工作，市政府自然是责无旁贷、非要做好不可的事情啦。陆军某师奉命

图 10 与时任杭州市委书记厉德馨（右一）合影（左一是我的妻子陈铮华）

赴前线参加对越自卫反击战时，是我代表杭州市政府在火车站为他们送行，并致辞祝愿可爱的人民子弟兵旗开得胜，扬我军威，为国杀敌立功！

随着工作的不断拓展，我又陆续受命担任了一些职务，其中重要的有：京杭大运河与钱塘江沟通工程总指挥，杭州市爱国卫生委员会主任，杭州市绿化委员会主任，两江一湖开发建设委员会主任，杭州市旧城改造领导小组组长，杭州市第一代居民身份证发放领导小组组长，浙江省革命烈士纪念馆、纪念碑建设领导小组副组长等。

政府工作的点点滴滴、方方面面，均与老百姓的生活紧密相连，所以政府才叫人民政府。我认为，往大里说政府的职责直接关系着社会进步、民族团结、经济发展、人民富裕和国家昌盛。因此，我在政府工作期间无论大事小事，都疏忽不得。每位副市长都分管一个或几个方面，是按市委、市政府的总体布局，在市委、市政府的集体领导下开展工作的，要想不出或少出差错，就要勤请示、多汇报，更要自觉不断地调查研究，熟悉情况，开动脑筋，创新工作方法，动员一切可以动员的力量，克服困难，踏踏实实地去办好每一件事。我认识到，要办好事情，依靠有关部门和动员广大群众是关键；一座城市只是国家的一部分，但只要每个城市都建设好、管理好了，国家必然就国泰民安，繁荣昌盛。所以，政府工作者特别是领导人，只有做好工作的义务，没有敷衍或谋私利的权力！

我在市政府工作了三年多的时间，现将经过我手做过的有关杭州城市建设等方面的大事记录如下：

（一）一公园场地清理与绿化美化。这是市委、市政府交给我的第一项任务。一公园景点是西湖景区的门脸，历史原因却有单位的宿舍或商业用房违章建造在园内，挡住并破坏了西湖美丽的整体景观。拆除这些障碍建筑，还风景于百姓，是杭州人民多年的夙愿。我任副市长后不久，厉书记和钟市长即责成我组建了一公园动迁工作班子，分头与省市有关单位商谈建筑物的拆迁问题。通过仔细的思想政治工作和措施跟进，工作班子取得了涉及单位的理解和全力支持，拆迁工作进展顺利。同时，市政府放下身段，体谅单位的实际困难，切实帮助他们解决问题，如某省属单位的一栋宿舍楼的拆迁，市政府特批一块土地供他们建新宿舍，解决被拆迁家庭的居住问题。对其他用房的拆迁，则采取相应措施予以安置，总之是要给出路的，绝对不是强行粗暴赶出去完事。在省市各有关单位的支持和工作组人员的不懈努力下，我们很快完成了一公园的拆迁还地工作。随即，园林文物局施工队伍进场，平整土地，修筑游步道，移栽树木，种植花卉，一处通透亮丽的公园重新展现在杭州人民面前，并以她那崭新的风貌迎接1983年的国庆节。一公园的拆迁复建，开了西湖风景名胜区周边环境整治的先河，西湖与游人从此变得越来越亲近。

（二）京杭大运河沟通钱塘江工程。京杭大运河是从北京至杭州的一条人工河，是我们祖先修建的一项伟大工程。它起自北京通县，终点在杭州武林广场东侧的施家桥。沟通工程就是要开挖施家桥至钱塘江6.97公里的新河段，使河水与江水构成一体。工程竣工后，能大大提高大运河的通航能力，扩大水运范围，向西可达安徽（需新安江水库大坝具备航船过坝能力），向东能通向大海，进而与曹娥江、曹溪等水路相连，形成以杭州为中心的水运网。省政府决定沟通工程由杭州市组织实施，市政府任命我为总指挥，负责工程的组织管理和施工建设工作。组成沟通工程指挥部后，我立即进行了研究部署，明确分工，落实责任。市交通局负责征地拆迁和施工建设等各项工作；市城乡建委负责组织协调；市财政局安排资金，按工程进度拨款；市环卫处和下城、江干区政府做好各项配合工作；省交通设计院负责方案和施工图设计。（图11）

各方面工作展开后，省交通设计院提出了一个亟待解决的难题，即新开挖的河道与铁路沪杭线交叉，尽管降低了船只的通航吨位，仍然需要铁路抬高一米多；又因铁道行驶坡度的要求，其河道两侧各有相当一段线路需要加高，受到影响的铁路艮山门货运站站台和库房也要进行改造，需要大笔建设经费。经与杭州铁路分局交涉，他们的意见很简单明了：铁道早就建成，其抬高、改造线路和场站设施所需费用，应由京杭运河沟通钱塘江工程承担。为此我们赴京求助铁道部，部领导审时度势，一口答应沟通工程涉及铁路

图 11　1984 年 5 月，京杭大运河与钱江沟通工程开工典礼（中间是时任浙江省副省长徐启超）

改建的全部费用，由铁道部全额支付，帮了杭州市的大忙。接下来要办的事，是解决征地拆迁、农户的安置补偿和因工程需要挖断了的村道修造桥梁等。又因交通部是沟通工程的出资与主管单位，所以在工程建设中，我们要经常进京向部领导汇报工作以争取其支持。三堡船闸是解决运河与钱塘江水位高差和船舶顺利通航的关键，我们要求设计单位做出最先进的设计，既要确保当代通航需要又要经得起历史的检验。沟通工程在国家计委、交通部和浙江省政府的正确领导及省交通厅的关心支持下，所有参与单位、人员共同奋战，于 1988 年 12 月圆满完成了建设任务，一千多年前建造的古老大运河终于与钱塘江沟通了（工程竣工时，我已调离了市政府）。（图 12）

图 12　陪同时任交通部副部长子刚视察京杭大运河与钱塘江沟通工程

（三）西湖引水工程。为保护杭州西湖，我国历朝历代都下过大功夫。从唐朝的李泌、白居易到宋朝的苏东坡，都为西湖花过力气，有新的建树。白堤、苏堤、杨公堤、三潭印月、小瀛洲、湖心亭、阮公墩，都记载着他们的功绩。但是，有一件事始终未改变——西湖的水一直靠其三面群山的雨水补充，水体不活。因历史上西湖周围就没有污水收集排放设施，湖周围的居民、店家、工厂、单位的生活生产污水直接排到湖里，天长日久，导致西湖水质变差，藻类丛生，并且越来越严重，必须采取有效措施加以治理了。经反复论证，市领导和专家学者一致认为最好的办法是从钱塘江引进活水。不过，当时也有人担心江水引进湖里会破坏西湖的自然生态，理由是“江水不犯湖水”，但绝大多数人认为西湖与钱塘江原本是同一水体，引江水进西湖有益无害。城乡建设部对这个工程设想提供了大力支持，并带领我们进中南海向李鹏总理做当面汇报。总理十分关心这项整治工程并表示同意实施方案。然后由城乡建设部立项，专项拨款600万元，西湖引水工程就此开工上马。设计上把引水工程的入水口定在苏堤以西的西里湖，设想引进的钱江水能经过苏堤六桥的桥洞汇入西湖水体，达到水体分布均匀之目的。此外，我们还希望引水工程能够对改善杭州市的小气候有所助益。因为西湖水浅，经一整天的阳光暴晒，夜间会向外散发热量，而钱塘江水是从新安江水库大坝底部流出的，水温低，我们希望江水能够对降低西湖周边温度起到一些作用。当然这与引进西湖的水量有关，究竟效果如何，很遗憾我们没有进行翔实数据的测定，但理论上讲应当有良好的效果。1986年钱塘江引水工程竣工后，西湖的水质确实改变了，藻类减少直至灭绝，湖水的透明度提高了二十多厘米，据说西湖鱼的土腥味也减少了许多。西湖引钱塘江水工程一期完工，由于资金关系可能还存在许多不足之处，也只有根据实际情况再不断完善了。

（四）在西湖引水工程以前，我们还做过一件重要的事，就是西湖污水截流。这项工程就是把西湖周边的单位、商家和居民所排放的生产、生活污水，通过新铺设的污水管道，输送到污水处理厂。同时，修补西湖周边湖岸，阻止或减少地面污水或泥沙流进西湖，多渠道保护西湖水体，以期长治久安。当然，可能污水截流工程还有不少漏洞，有待继任者们根治了。

（五）改善城市特别是西湖周边的环境质量。主要是将一些地处西湖周边的单位、工厂迁出西湖风景区，其中有上、中、下天竺庙宇中的工厂和一些生产企业。当年庙宇中的佛像多被损坏，庙堂改为生产作坊。而现如今这些庙宇中的繁盛，主要是佛教界人士和善男信女的虔诚所致。

（六）城市道路的改造与修建。杭州是一座有2500多年历史的古老城市，总体规划欠完整且不够超前，道路布局不尽合理，最突出的问题是没有南北和东西贯通的主干道。因此，途经杭州的车辆多半需在市区转道行驶，带来诸多不便且严重影响市区的交通秩序。为改善市区的交通状况，市政府决定先从两条改造、一条新修的路下手。其中南北向的一条是改造虎跑路、南山路、环城西路、莫干山路，使之成为一条南北向的大通道。这项工程是靠向财政部申请的600万元拨款启动的。其中有一个难点是钱塘江大桥下要增加一个通车通道，也就是在大桥下要再开通一个通车通道；同时，把浙赣线下的一个较小的公路涵洞，改为两个适应现代公路交通需求的涵洞。又是铁道部，继京杭运河沟通工程后再次给予我们支持，出资在浙赣线下方修造了两个适合现代车辆通行的涵洞；对全段的每一条道路都要进行拓宽取直改造，拆除部分必须拆除的建筑，迁移或砍掉一些城区绿化树木，借机改建沿途的地下管线等系列工作。历时一年有余，这条南北大通道的改造任务彻底完成了。从此以后，从富阳路经杭州的车辆可以避开杭州市区从莫干山路出城了。另一条是贯通杭城南北的秋涛路，是一条新辟的城市主干道，施工中遇到的困难少些。第三条是从艮山门开始向西经环城北路、天目山路出城的老路，属取直拓宽的一条东西向的杭城主干道。其中环城北路路面只有十八米宽，地下管线复杂，涉及系统多，以及古荡以西路段坡度较大、降坡工作量大等现实情况，给工程施工造成了很多困难。但在各方面的共同努力下，施工任务都按计划完成了，这一定程度上缓解了杭城的交通拥堵问题。三条路的拓宽改造只是个开头，从杭州市的交通发展和城市道路的现状考虑，道路改造任务还十分繁重。我的总体设想是建议城市向东发展，清泰街、解放路、庆春路、凤起路，均跨过铁路向东延伸直达钱塘江边，按杭州市新区的道路建设标准建设。我相信凭借改革开放的东风，充分调动全社会的力量加油干，杭州定会成为一个繁荣昌盛、祥和宜居的先进城市。

（七）关于给水工程。在给水方面，清泰门和祥符桥水厂是杭州的两个主要自来水生产厂，水源分别来自钱塘江和东苕溪。清泰水厂从贴沙河取水，生产可供大部分市区的生活和生产用水。贴沙河是清泰水厂的储水水库，水体来自杭州闸口发电厂的生产冷却水，流经东河，沿途污染严重。对此，当时正在施工建设的水源保护工程，是从南星桥水厂铺设给水管道输水到清泰水厂的，以避开东河河道的污染。为了解决钱塘江大潮含有海水的江水上行至保护工程的取水口从而影响水质的问题，便在珊瑚沙修建了储备水库，以作应急供水，但是储量不大，只够杭州全市三天的用量。钱塘江大潮上行影响取水的情况，竟然在1985年真的发生了，救急的唯一办法是请新安江水库放水，将盐潮的钱江水压下去。因情况紧急，我立即请上海电力局给予帮助。事关百姓生活，兹事体大，上海电力局马上电令新安江水电站增加发电量，开闸放水，又快又好地解决了杭州人民的供水问题。但这绝非长久之计，取水口上移是必须的。事实上杭州供水的缺口是很大的，如古荡以西地区，还有不少地方没有自来水供应，只能打井取用地下水。就杭州的地质情况而言，过分取用地下水是危险的事情，玉皇山下的海军疗养院和洪春桥的浙江医院，都曾发生过地面塌陷事故，还造成一人丧生的悲剧，其原因很可能与大量取用地下水有关。

（八）杭州的排水系统也比较薄弱，遇有大雨则积水成灾。我曾经几次与有关区政府分管副区长前往积水深至大腿的街巷看望、慰问居民，看到住户把煤球炉放在八仙桌上烧菜煮饭，情景令人心酸。于是我当场采取多种措施排水，包括调动消防车到现场排除积水。大雪天也成问题，如上下钱江大桥和古荡以西的公路，因坡度较大，雪后贴近地面处的积雪稍许融化，便会给行驶的车辆带来危险。记得在1984年深冬，危险情况真的发生了。钱塘江南岸一些工厂上中班（大约夜间十一点）的职工下班乘坐的返回市区的厂车，以及路经大桥的许多车辆都停在桥面上不敢下桥。我们不得已采用老办法——恭请驻杭部队和在杭施工单位，出人出设备到现场救援，并请公安局为滞留在大桥上的人员，特别是下中班的职工分送食品。直到翌日上午全面清除积雪后，车辆才逐步放行。可以说是全民动员、众志成城，这才确保了人、财、物的安全无事。杭州市区排水管道老化，管径偏小，已严重制约市区的排水工作。莫干山路以西排水系统缺失，特别是古荡以西更为严重，所产生的全部污水只好任其自然排入河、湖和农田。这些问题都有待于市政府视财力情况，抓紧采取措施解决。改革开放以来，杭州的各项事业，尤其是工业企业高速发展，污水产生量越来越大，市政的排水压力更大。为了治理污水，市政府决定在城东四堡建造污水处理厂，将严格处理的污水达到净水后排放入钱塘江。这只是杭州解决污水排放的第一步，更繁重的任务还在后面。

（九）城市垃圾的堆放与处置。杭州市区每天都在产生大量垃圾，当年是由环卫清运车送往三堡垃圾堆场。夏天，垃圾堆场产生大量蚊蝇，严重干扰居民正常生活。垃圾堆场底部渗出的恶臭且有毒的污水，渗于周边的菜地和池塘，导致蔬菜枯萎和鱼、鸭死亡。终于有一天，村民们不依了，他们集体静坐在公路上阻止垃圾车通行。垃圾处理事宜归我分管，在取得市委书记、市长对“我在现场所定的处理意见，勿需请示可立即执行”的承诺后，第二天一大早我即会同当地的区乡政府分管领导，赶赴现场，直接到村委会商谈解决办法。我首先代表市政府就由于我们的工作不到位给村民造成的损失和难处，表示深深的歉意，同时说明村民阻断交通总不是办法，需要寻找方法妥善处理垃圾堆放产生的负面问题。经过广泛而民主的商谈，我们确定了五条解决办法：1. 在垃圾堆场公路的一侧修建围墙，将堆场与村民居住区隔开；2. 定期、按时对垃圾堆场进行医务消毒；3. 向全体村民免费发放消毒、灭蚊蝇的药品和器材；4. 对堆场渗出的有毒液体所造成的蔬菜、鱼、鸭损失，市财政予以一定数额的补偿；5. 向全体村民按时供应饮用水。商谈达成一致后，大家一起走到马路群众静坐示威处，由村领导出面招呼静坐的村民撤离。村民们通情达理，很快全部撤出现场，运垃圾的车辆顺利进入堆场倾倒垃圾，公路恢复正常通行。一场情势紧张的民怨事宜得以圆满解决，取得了皆大欢喜的结果。回到市府大院，我立即向市委书记、市长做了情况汇报，得到认可后即分派有关部门、单位马上行动，完全落实五项条款，结果是无论区、乡政府还是村民百姓均表示满意。凭良心说此事并未彻底解决，垃圾露天堆场终非长久之计。市政府很快就研究决定，废除三堡垃圾堆场，在半山太子山按垃圾堆场的有关要求，新建并按垃圾分类和变废为宝的设想建立一座新型的垃圾填埋场，从根本上解决市产垃圾的处置事宜。

（十）城市绿化工作。绿化是提高城市环境质量的基本要素，当下城市已被钢铁和钢筋混凝土构筑物，以及沥青和水泥道路所覆盖，改变了地貌，也改变了土地的自然功能。所以，必须在城市建设中有意识地留出土地，并利用所有可以利用的空间种植绿化植物，如在阳台和道路两旁放置盆栽，尽可能地扩大绿化面积，提高绿化覆盖率。为做好城市绿化，我建议分三步走：1. 利用一切可以利用的土地，包括在墙面、屋顶栽树、种草和养花，净化空间环境。至于栽种行道树，尽管现今国际上尚有争议，一些发达国家不希望种植行道树，认为它遮挡了周边建筑的阳光，还有树木冬季落叶对城市环境卫生有影响，但我认为我国行人众多，盛夏需要遮阳绿树，还是种行道树为好，既可满足人们遮阳防暑的需要，还增加了城市绿化覆盖面积，一举两得，何乐而不为？我想，为了改善杭州城市的空气质量，应当要求逐步达到“黄土不见天”的标准，即一概采取种植常绿草类和花卉的方法将裸露的地面覆盖起来，以减少风吹尘飞的污染。同时，对外地进杭车辆实施在城外清洗、脏车不得入城的措施规定；在城区地面、地下建筑施工工地，建设单位必须采取有效措施减少尘土飞扬，以提高城市的环境和空气质量。2. 彩化，即种植有色树种和花卉，增加市区的色彩，给市区增添美的感觉。3. 美化，无论是建成区还是风景名胜区，都要由园林主管部门实施总体规划布局，对需要种植的乔木、灌木和草皮花卉进行严格选择，并有计划地按时修剪或补种，用不同植物将城市点缀得更美，更宜居。1983 年评选杭州市市花，市民们积极参与投票，结果是桂花夺魁。杭州市的桂花树本来就不少，如今加大了种植规模，已是无处无桂花树了。每年九月、十月，全民赏桂已成风俗，届时全市尽飘桂花芳香，景色秀美的杭州空气也变得花香四溢，更加怡人了。在这里，为保证有关单位安全用电，市政府做的另一件大事值得一提。当时我们考虑风景区和城区行道树众多且高，遇有大风天气有可能对架空的通信、电力线路造成伤害，故研究决定将风景区和建成区内所有的架空线一概埋入地下，确保其安全，并保证相关单位，尤其是医院对电力、电信的特殊需求。

（十一）城市交通的建设与发展。城市道路如同人体的动脉，它规定了人流物流的活动轨迹；发挥道路的最大通行效益，是城市总体规划，特别是道路规划的要点之一。随着社会经济的飞速发展和市场的繁荣昌盛，人们对城市道路通畅的要求越来越高。杭城的道路原本就先天不足，难以达到通畅的水平，而且红绿灯的设置又使道路的通行效率降低了百分之五十，就此而言，科学管理和使用红绿灯十分重要。假设一个路口的绿灯亮了，汽车开动到下一个路口，正遇上绿灯亮起，可以不停车开过去，若再下一个路口又遇绿灯，那么这样的城市交通管理是科学的，即所谓的“线管理”“面管理”理论。但是，由于杭州的市区道路原本就缺少精心规划，想做到精准的交通管理确实很难。尽管如此，我们也应该认真研究，寻找一项最合理的交通管理方法，尽心尽力做好交通管理工作。这里面交警的工作不可小觑，为充分发挥他们的聪明才智和灵活的指挥才能，市政府曾两次召开大会表彰优秀交警，并为他们颁奖。当然道路的宽度和面积是道路通行畅通的基本条件，如能够改造、拓宽现有道路当然更好，但无论改造与否，都必须在交通工具上多想些办法。小汽车多了必然引起交通拥挤，因为它乘载的人少，占地面积大；自行车占地面积少，使用也灵活方便；但最好的还是公交车，按人均计算占地面积最少。所以杭州城市交通应该积极发展各种公共交通工具，并根据人群集散规律设置线路，安排站点和运行时间，以适应人们活动和上下班的通行需要，最大限度地缓解市区道路的拥堵现状。实际上对一个城市来说，最好是多修建避开红绿灯限制的高架路，可有力保证域内交通的高效运转，当然最好的解困方法还是建造四通八达的城市地铁交通服务设施啦。

（十二）综合开发两江一湖旅游风景区。“天下西湖三十六，最佳还要数杭州”，“昔日曾见此湖图，不信世上有此湖；如今打从湖上过，画师尚欠费工夫”，这是人们对杭州西湖的赞誉。自古以来，有多少名人雅士吟诗、填词、作赋，又有多少民间传说和神话故事赞美、颂扬美丽的西子湖！杭州西湖之美，无论怎么形容都不过分。西湖是杭州的骄傲和熠熠生辉的金名片。可是，杭州除了西湖，还有山青水碧、景色奇秀的富春江、新安江和千岛湖（民间称两江一湖），都有待开发建设和推广开放。1984年春，市委、市政府决定综合开发两江一湖，成立了两江一湖开发委员会，让我担任主任；委员会下设办公室，负责日常工作。两江一湖地域宽广，涵盖淳安、建德、桐庐、富阳四个县（市）的山与水。千岛湖人工天成，湖内有一千零七十八个岛，水深面广，相当于一百多个杭州西湖那么大，湖内景点虽多，但已开发或正在开发的却极少，只有桂花岛、蛇岛和可与云南比美的石林等几处景点。在那碧水荡漾山峦青翠的湖区有那么多美景，湖周边还有奇峰溶洞，沿江两岸更是美景如云在等待开发。我想，必须明确我们开发委的职责，不仅是为了发展旅游业，更重要的是挖掘和发扬祖宗留下的这些宝贵遗产，把祖国的大好河山保护建设得更加灿烂骄人。时任国家旅游局局长刘毅肯定地说，“这是一篇大文章，要下大功夫”，我们就是要书写好这篇大文章。经开发委员会研究认为，要做好这件利在当代功在千秋的大事，必须发动和协同沿线各级政府一齐动手，有计划、有组织地开展工作：循序渐进地做好对溶洞扩充整修、对名山峻岭精心维护、整修游步道、增添公用设施等项工程，如建德大慈岩景点的开发等；对历史遗迹，不仅要保护，更要弄清其史实及文化内涵，如严子陵钓台和七里扬帆等古景观；对江心岛要突出其特色；对龙门古镇要维护整修具有历史价值的古建筑、古街巷，整理和充实其建设和发展的史料。我们就是要万众一心挥笔写好两江一湖开发建设的大文章。

（十三）建设清泰门跨线立交桥。沪杭、浙赣铁路穿行其间的要冲城市杭州，铁路道口高频率封闭导致市区东西向的交通近半时间处于断流状态，其中又以清泰门之处为甚，解决的唯一办法是建造跨线立交桥。为此，我们会同上海铁路局和杭州铁路分局相关人员赴京向铁道部汇报情况，请求支持。铁道部与杭州市的工作关系甚好，在城市建设中曾多次为杭州提供过帮助。这次也很干脆，部领导一口答应划拨资金一千二百万元资助清泰立交桥建设。回杭后，立即组建包括财务在内的建桥队伍，着手建造杭州的第一座长一千二百十二米、宽二十四米的跨线立交桥。在桥两端立起了四尊雕像，代表鱼米之乡、丝绸之府、茶叶之都、文物之邦，用以突显杭州的城市特色。清泰跨线立交桥竣工交付使用，开了杭州建造立交桥的先河，必定会有更多的跨线立交桥和过线地道陆续上马建设，杭州与铁路线通行互不干扰的时代即将到来。

（十四）爱国卫生运动工作。爱国卫生运动的核心是维护和提高老百姓的健康水平，创建一个清洁卫生的生活和工作环境，以增强人们的体质。它包括的范围很广，涵盖人们生活中一切与卫生有关的事，如种植、饲养、生产、买卖、日常用水、不可或缺的空气、污水排放以及工厂建造选址等，包罗万象。所以，市爱国卫生委员会只能是一个协调机构，经常做的事是室内的卫生督察和灭蚊灭蝇等工作。每年举行一次的几个城市卫生联合检查评比，规模大，要求严，牵扯精力大，压力也不小。关于空气质量问题，好像当时也没有雾霾一说，只知道空气中的颗粒物有害人的健康，由于它极其微小，可以进入人的肺部甚至血液里，更可怕的是它可能携带着一种致癌物质——三四苯并吡。不过当时也没有什么好办法预防或根治，只是尽可能地把地处市区和西湖风景名胜区周围的工厂迁走，努力发展燃气扩大供气范围，逐步减少煤饼（球）用户和燃煤的用量，以净化区域大环境的空气。1952年12月，英国伦敦造成四千多人死亡的烟雾事件，可能就是空气中的颗粒物所致，成为20世纪全世界十大公害事件之一；我国东北的沈阳市，在20世纪80年代初也发生了烟雾事件，幸运的是在污染尚未造成重大伤害时，被一场突如其来的沙尘暴吹散了，未造成危害。空气的事绝对不可掉以轻心。我任副市长时曾陪万里副总理登上玉皇山观看杭州全貌，当他看到富春江水泥厂在玉皇山南侧开山取石时，大声地对我说："这怎么行？赶快迁走！"万里副总理在杭视察期间，杭州钢铁厂的领导邀请他莅临杭钢参观指导，他坚决地说："我不去，你们是污染大户，得搬走！""环境保护是国策，要重视。"所以说，爱国卫生运动不是检查一下环境卫生那么简单。不过话说回来，卫生检查也很重要，起码可以使街巷、市场、单位、码头和公共场所等干净起来，还能提醒人们讲求卫生，可以使人们少跑医院、防病保健康，所以这些事情也很重要。

（十五）建造革命烈士纪念馆和纪念碑。与全国许多省（市）一样，浙江省暨杭州市是无产阶级革命斗争风起云涌的地区，数以万计的革命仁人志士在浙江这块土地上，为民族解放事业和中华人民共和国的建立，抛头颅洒热血，献出了宝贵的生命。据记载，仅在杭州小车桥国民党陆军监狱就有一百四十多位革命者被杀害，其中时任省委书记和代理省委书记的就有四人。省委、省政府决定建造浙江省革命烈士纪念馆和纪念碑，永远纪念他们。为此，浙江革命烈士纪念馆和纪念碑筹建领导小组成立了，省人大常委会副主任邢子陶任组长，我和省人大常委会秘书长乐子邢任副组长。领导小组成立后的第一件事是选址，最初想把纪念碑建造在原省政协办公所在地，即环城西路与庆春路交会处，因为那里距离小车桥陆军监狱旧址近，又在西湖边上，视觉效果不错，但因动迁难度太大只好作罢。后经已退休的杭州市原副市长郭桂盛建议，馆（碑）址最终选定在云居山南侧。纪念馆和纪念碑及雕塑的设计与制作，由浙江美术学院（即现在的中国美术学院）承担，在这里翔实地记叙了先烈们的革命功绩，能让子孙后代接受教育，学习先烈们无我无畏、忠诚于党和人民、为祖国光荣献身的崇高精神；懂得我们有幸福的今天，是先烈们用鲜血换来的，要铭记，要珍惜，要感恩，要传承。（图 13）

（十六）第一代居民身份证发放工作。这是 1984 年的事，市政府让我担任杭州市居民身份证发放工作领导小组组长，具体发放工作是由杭州市公安局负责的。这项工作既繁杂又要求仔细，深入调查核实户口，明晰身份，组织拍照，信息入网建立档案，精心制作无错发放。市公安局投入了大量的警力、财力，以向人民高度负责的精神，夜以继日地辛勤工作，做到了准确无误，按时完成了发放任务。同志们辛苦了！我在其中仅仅是做了些协调配合和督促检查方面的工作。发放工作结束，宣告杭州市民和全国一样——老百姓没有身份证的时代宣告结束了。

图 13　在筹建浙江省革命烈士纪念馆和纪念碑时与时任浙江省人大常委会副主任邢子陶（中）合影（右一是时任杭州市政府秘书封仁鹤同志）

（十七）在电信、电力、邮政、铁路方面的工作。隶属关系上这些部门直属中央部委，他们承担着全国性的工作任务，具体点说是在为所在地工作和服务，地方的经济建设、人民生活都离不开这些行业。国家对中央直属企业实行属地管理制度，我分管，说白了就是负责与这些部门联系，帮助他们及时解决一些需要地方政府解决的问题。表面上看是地方政府帮助了部属企业，事实上是为自己工作。例如电信方面，当时杭州市的电话机是模拟式的，通话质量差，容易受干扰，设备功能少，传输距离受限，特别是长途通话杂音过多，亟待引进先进的程控式设施，即数字程控交换机。邮电部决定让杭州引进日本富士通株式会社的设备，我代表市政府与省、市电信局组团赴日本考察，参观访问，增长了不少新知识。随后，邮电部委托北京邮电学院为杭州编制了电信发展规划。但在杭州进行方案汇审时，我感觉他们为杭州设定的到2000年电信发展规模过于保守，当即指出“此发展规模可能无法满足杭州经济发展的需求”，得到了与会各方人士、专家学者的赞同。会后，报经邮电部同意，提高了设计规模，增加了专项拨款，使杭州市区的电话机和长途电话设备都改为数控的现代电信系统，在杭州的经济快速发展中起到了关键作用，做出了巨大贡献。这件事要感谢当时的杭州市电信局局长王献，他为此做了关键性的努力。

（十八）邮政是办理信函和物件流通的事务。

1978年改革开放以来，信函和物件往来增加迅猛，邮政局的业务量暴涨。首先是运输力量严重不足，单靠铁路运力已无法应付；其次是仓库容量小，办公营业场地不够。为此，我们同意市邮政局以市人民政府的名义专题报告邮电部要求予以解决。经邮电部批准，杭州邮政购买了一批中短途运输邮政车；同时市政府批给邮政局两块土地，一块建邮件仓库，一块建邮政大楼，有力地促进了邮政事业的快速发展，保证了杭州经济飞速发展的需要。

（十九）电力的供应是经济发展和人民生活水平提高所必须的。市电力局为提高杭州市的电力供应能力，新建高压线路邀我担任工程总指挥，事实上是要市政府帮助他们解决一些在建设中与城市有关的难题，这是我责无旁贷的事。其间，我还积极协助电力局根据杭州经济发展的用电需要在市内修建变电所和埋设输电线的工作。

（二十）关于铁路。杭州铁路方面主要有两大问题，一个是客货运输量猛增而线路设施不足，另一个是城站火车站体量小，车站客流量常年处于饱和状态。经市政府研究同意，铁路可占用贴沙河的部分水面，再铺设一条铁路复线。但要求铁路在建设时，应严密组织，努力做到尽量不污染贴沙河的水质和不使贴沙河的储水量受到大影响。铁路方面做到了，他们对通过贴沙河的部分轨道做了架空处理并做到了文明施工。火车站的问题更为突出，候车室一次只能容纳五六百名旅客，但高峰时的候车人数竟然高达六七千人。每年冬季，特别是临近春节，庞大的人群有时只得站在广场雪地上排队候车，场景让人心酸。为此，我们会同上海铁路局和杭州铁路分局领导，去北京向铁道部做汇报，要求扩建完善杭州火车站和线路设施。铁道部领导非常同情并予以有力支持，同意改建杭州火车站，候车室规模确定为可一次性容纳八千人，建设方案交由铁道部属下的设计院完成。不久，新建火车站方案汇审会在杭州举行，铁道部及上海铁路局、杭州分局，浙江省、杭州市有关部门领导和专家以及各方面的相关人员参加，汇审会议开得很成功，提出了许多建设性的修改意见。铁道设计院对设计方案做了认真修改，报铁道部批准并划拨启动资金（一半拨给杭州铁路分局，一半留在上海铁路局按进度下拨），并郑重承诺杭州火车站的全部建设费用由铁道部承担。站前广场上的建筑物，如果受到建站工程影响也由铁道部负责处理。但是，令人遗憾的是这么好的事情却因故未能实现。不过，后来终于建成了杭州城站新火车站，它比原先设计得更先进，更现代化，成为杭州城市建设的又一街景，令人欣慰。

（二十一）杭州雕塑创作室的建立。1984年，几位浙江美术学院雕塑系毕业的青年学子带着原美术学院院长刘开渠写给杭州市领导希望杭州市建立雕塑机构的信件到市政府向我诉苦，说他们学了五年雕塑，毕业后竟无用武之地，只好天天在家里捏泥人，迫切希望市政府能帮助他们把雕塑创作活动开展起来。我们认为杭州这样一座文化积淀深厚又风景秀丽的大城市很需要配置相应的、适当的雕塑为她增色添彩，最好的办法是新建一个雕塑机构。为此我立即向市委书记和市长汇报，市委、市政府经过集体研究后决定成立杭州市雕塑创作室，归属市园文局领导。雕塑创作室成立后，他们创作的第一个作品就是为纪念杭州市解放三十五周年在武林广场构筑的美女群雕，神采飘逸。后来，清泰门跨线立交桥桥堍的四座人物雕像（鱼米之乡、丝绸之府、茶叶之都、文物之邦）也是他们的作品。机构经过多年努力不断壮大，艺术水平不断提高，杭州市的很多优秀雕塑作品均出自他们之手。一个城市无论在怀念历史、表彰先进、激励青少年，还是美化环境等方面都需要城市雕塑。希望我们的雕塑艺术家们能为我们浙江省和杭州市的大发展做出更大的贡献 。

在杭州市政府工作的这段时间，是我人生当中的又一个学习阶段。非常幸运的是，城乡建设部在 1983 年举办第一期市长研究班时，我成了其中的一名学员。学习期间，我听取了中央有关领导，还有专家学者如钱学森等的讲话，受益匪浅；同时，学习交流中也学到了其他兄弟城市的建设经验，对我帮助很大。我非常感谢城乡建设部的安排和关照。

我在职的几年，正是国家改革开放后经济蓬勃发展时期，杭城可以说是百废待兴——中东河是臭的，运河水也是臭的，住宅小区要建设，老城区旧房需改造，自来水、下水管、道路、公共交通、煤气等，都亟待维修建设或扩容。老百姓期待的双眼在看着市政府，但市财政可用于城市建设的经费太少，只有一亿元多一点点。其中六千多万元要用于人头费开支，即用作城建系统全部人员的工资、环卫系统的所有经费、园文局的定额补贴等，余下的那点钱在城市建设中只能修修补补，根本就不能开发建设新项目，更不用说大项目了。对非建不可的大一些的工程项目，只好依靠国家有关部委的资金支持了。我的工作重点之一就是勤跑北京，去部委讨投资。国家机关的领导也很理解和体谅我们，非常重视杭州的城市建设事宜，尽管部委也有难处，可总是为我们提供帮助，予以照顾，我很感谢他们。所以我常说“杭州城市建设取得的每一项成绩，都是靠我们政府各部门全体职工共同努力取得的；更重要的是有国家各部委和浙江省政府各部门的支持与帮助”。我的工作全过程总体上说是顺利的，因为我有好领导，还有好助手——我的秘书封仁鹤。他工作勤奋，积极性高，责任心强，不怕累，不误事，文笔好，对我帮助很大，我诚心诚意地向他表示感谢。事实上，帮助我做好工作的同志还有很多，就不逐一提及了。

1983 年，我当选为中国共产党杭州市第五次代表大会代表；是年又当选为浙江省人民代表大会代表，任杭州代表团副团长之职。

调省旅游局任职

1986 年的一天，我收到了省委组织部的任命书，调我担任浙江省旅游局局长一职。我想应该在省人大常委会通过任命后再到任，但是组织部一天一个电话催我赴任。不得已的情况下，我把市政府的工作简单地做了移交，就到省旅游局报到接手工作了。省旅游局与其他厅局不尽相同，因为它是一套班子两块牌子的厅级机关，直接管着宾馆饭店、旅行社、外事旅游汽车公司等十多家旅游企业。这也就是说省旅游局自身有收入，不吃财政的饭（俗称“皇粮”），用系统营业收入的税后所得支付工资、福利费用与办公经费，同时省政府也不为发展旅游事业专门划拨费用。正当我初步了解了一些情况后并开始布置工作时，一件出人意料的事情发生了。省人大常委会以杭州市委书记厉德馨曾提前在全市干部大会上讲到我将担任浙江省旅游局局长，违反了干部任命程序之事为由，任命之事不予通过。我未经正式任命即到岗上班，铸成大错，情景十分尴尬。实话实说，其中原委我倒也清楚，是有人利用这件事借题发挥罢了！事情发生后，有不少人为我鸣不平，有一位书法界资深名人主动提出要陪我去拜访他，我婉言谢绝了他的好意。红梅凌寒独自开，绿荷卷舒任天真。我赞赏梅荷之高洁，并矢志以此践行我的人生。因此，我宁可不当这个局长也不愿低三下四失尊严。省政府很快就任命我为浙江省旅游总公司总经理，负责省旅游局的全面工作，同时又任命我兼任中外合资经营的杭州香格里拉饭店（原杭州饭店）董事长，使省旅游局的工作得以正常运转。

当年，国内旅游尚不够发达，有一个说法叫“不提倡，不反对”，所以省旅游局的工作重点是接待境外客人。省旅游局下辖四个涉外旅行社——浙江省中国国际旅行社、浙江省中国旅行社（主要接待对象是侨界）、浙江省海外旅行社、浙江省康辉旅行社。至于国内游，我想人们并不是不想出去旅游，主要原因恐怕是经济实力有限和缺乏出游时间吧。我相信，随着改革开放经济的大发展，人们收入不断增加，生活富裕了以后，外出旅游很可能成为人们业余生活的重要选择，国内旅游大发展的前景是可以期待和一定会来到的。

我把旅游归纳为“行、住、吃、游、购、娱”六个字。“旅”是通过“行”实现的，必须有交通工具、交通设施和通畅的道路；“住”就需要有一定档次的宾馆和饭店；“吃”是我们的强项，但须在卫生条件、餐饮用具、用餐设施及饭菜口味方面有所提高，以适应国际和国内客人的用餐需要；“游”涉及景点和名胜古迹，需要建设并丰富景区景点的文化内涵，没有文化的旅游是没有生命力的；“购”就是买东西，我们的特色产品不少，不仅要注意质量，还要在外包装上下功夫；“娱”涵盖的范围更广，需要我们思考的事更多。这六个字就是六件事，是旅游局的工作任务。要推动浙江旅游业的大发展，就要踏踏实实地办好这六件事。当然，这不是旅游局一家单位所能完全解决的，需要求助于各级领导和相关部门，困难不少，责任重大。还有一件宣传促销事，更是重中之重，是一项需要认真研究和全力实施的工作。简单回顾，我在省旅游局工作期间的主要工作有以下几项。

第一，推动浙江省旅游事业向前发展需要资金，但旅游局自身财力单薄，只能求助于省政府。这是我任职后要办的第一件事。趁每年一次省旅游局向省委省政府汇报工作的机会，要求省财政返还旅游局上缴的税收，用作发展旅游事业的经费。省政府第一年同意返还一半，第二年则全部返还。我们把这笔钱用作省内一些旅游景区和宾馆饭店的修缮改建。具体做法是：修建厕所，予以全额拨款；宾馆饭店建设，予以无息或贴息贷款补助。这对全省的旅游设施建设虽然发挥了一定的作用，但也只能是杯水车薪之举，起一点抛砖引玉的效果罢了。重要的还是要发挥地方的积极性，动员市县政府齐心协力，广集资金，为浙江省旅游事业的建设和发展做贡献才是根本。

第二，在杭州建造了丝绸、茶叶、南宋官窑和胡庆余堂中药四个博物馆。促成这件事，要归功时任杭州市委书记的厉德馨。1986年，国家旅游局局长韩克华来杭考察，我和厉书记陪同。在千岛湖游览时，厉书记从弘扬杭州历史文化的角度，提出建造杭州丝绸博物馆、茶叶博物馆、南宋官窑博物馆和胡庆余堂中药博物馆的建议。韩局长和在场的所有人都认为建造四个博物馆，不仅对杭州，而且对全国都具有重要意义，应该予以考虑。我到省旅游局后正好接手，当时财政部有一笔款项交由国家旅游局掌管，专项用于发展全国旅游事业。我们拟在杭州建造四个馆的申请报告，分别上报国家旅游局和浙江省人民政府。有关部门经反复论证讨论批复同意，并同时给丝绸和茶叶两个博物馆冠上了“中国”二字，即称为“中国丝绸博物馆”和“中国茶叶博物馆”，肯定了杭州丝绸和茶叶在全国的地位。江苏省对此很有意见，派出以省人大常委会主任为首的团队赴京游说，首先去全国人大常委会，又去国家旅游局等部委反映他们的不同意见。但是，全国丝绸界老前辈和专家学者都认为中国丝绸博物馆建在杭州是适宜的。对在杭建茶叶博物馆，茶叶界争议不大，于是这两座代表国家级的博物馆就落户杭州，使杭州真正成为丝绸之府、茶叶之都了。省旅游局将国家旅游局拨下来的建设用款，如数划拨给杭州市政府，馆舍则分别由浙江省丝绸总公司、杭

图 14 会见时任香港中华总商会会长霍英东先生（右）

图 15 会见时任香港中华总商会副会长张永珍女士（左）

州市园文局、胡庆余堂药业公司负责建设，建设用款的缺口部分，由省市政府和相关部门按一定比例予以补足，确保了四座博物馆高质量地按计划建成并对外开放。

第三，开拓旅游市场。1987年，由省政府秘书长带队，赴香港举办浙江旅游推介促销，召开旅游说明与记者招待会，会见香港知名人士，与香港国际旅行社、中国旅行社商讨合作发展浙港旅游事宜等。（图14、图15）

日本前来中国旅游的团队较多，如一年一度的修学旅游、佛教徒祖庭参拜游等。日本的佛教大部分是从中国传过去的，其中有几个宗派的祖庭在浙江，如曹洞宗祖庭是宁波天童寺，天台宗祖庭是天台国清寺，余杭径山的径山寺是日本禅宗的发祥地，也被认为是日本临济宗的宗庭。径山更是日本茶道的发源地（日本和尚村山博优有专著记述）。前来径山朝圣的日本信众，还要到径山山下小镇吃一碗豆腐脑，说这是他们祖师爷曾经吃过的。宁波天童寺方丈（日本佛教曹洞宗的祖师爷）回佛教禅宗祖庭河南嵩山少林寺途中，曾路经杭州，住在净慈寺内，不幸圆寂，安葬在净慈寺后面山上。因此，日本曹洞宗的信徒们在到宁波天童寺参拜了祖庭后，还要专程赶来杭州净慈寺参拜祖师爷。现如今净慈寺钟楼的大钟以及后大殿山上的佛像，基本上是他们捐献的。有一次，省国旅还接待了一个日本特殊的旅游团——残疾人团，团队规模很大，全部是残疾人，团长是盲人，其中一些残疾人需要乘坐残疾人车。他（她）们选择的旅游线路更为奇特，除到城市景区外还要去跨越大沙漠，说是“身残志不残，健康人能做的事，我们也一定能做得到”。为此，省国旅配备了非常强的导游和接待工作力量，采取了强有力的安全措施，确保了极其困难的旅游接待圆满成功。在这次艰苦的接待任务完成后，日方组团社和旅游团队表示非常满意，对省国旅的接待工作予以了很高的评价，并表示还要组织更大的残疾人旅游团前来浙江观光游览。

当年，杭州笕桥飞机场还不是国际机场，前来浙江旅游的团队需从上海入境，先由上海的旅行社负责接团，送达浙江转交给我们的旅行社接待，给旅游者造成了很大麻烦，这也减少了我省旅行社的收入。为弥补部分损失，省旅游局与上海旅游局合资在沪建造宾馆，供我省旅行社入住办公，对前往浙江的旅游团队实行全程接待，提高营业收入。

新加坡举办世界旅游博览会，我国六个省联合组团参加，国家旅游局指定由我担任团长兼领队，西藏自治区和河南旅游局局长任副团长，共同带队前往。我们通过办展览、举行旅游说明与记者招待会，大力推介我国丰富多彩的旅游资源。（图 16）新加坡的报纸也很配合，逐日刊登有关中国展团的消息，对提高我国旅游事业在世界上的知名度起到了很好的作用。此外，我们还分别与法国和西班牙的旅游部门建立了联合推销旅游产品的合作关系。

为扩大和提高我省在香港的旅游业务，省旅游局还挂靠省属香港富春公司成立了香港富春旅游公司，我任第一届董事长。

大概是1988年，香港港龙航空公司成立，首先开通了与杭州等地的包机业务，在杭州的业务挂靠省旅游局。包玉刚先生曾代表港龙航空公司来杭，与省旅游局洽谈合作事宜。邵逸夫先生第一次回国、回乡探视，第一站是杭州，省政府指定由省旅游局负责接待，并安排好他的行程，接待工作顺利完成。后来，邵逸夫先生在杭州以助学为主陆续捐助了几个项目，又出资金建造了杭州邵逸夫医院。现在邵逸夫医院成为浙江省内设备先进、服务规范、医术一流的现代化

图16 会见著名画家刘海粟先生

图 17 接待邵逸夫先生（左）

重点医院。所以我说，省旅游局有条件和有能力利用自身优势，扩大业务范围为社会做出更大贡献。（图 17）

第四，受外交部委托主办国际会议。外交部把联合国亚太经社会国际旅游研讨会交由浙江省旅游局主办，经费由外交部拨给，如发生不足部分的费用由省旅游局自行解决。我们想借此机会，向亚太地区与会的代表展示浙江省，特别是杭州市丰富优异的旅游资源，提高知名度；同时期望取得一次举办大型国际会议的机会，积累包括会议接待、生活安排、会议文件管理、会场布置、同声翻译、发言材料复印等经验。省旅游局对会议全程都做了精心安排，其中需要复印的会议材料太多，只得昼夜连续操作，竟然报废了一台复印机。通过操办这次会议，我们不仅了解到亚太地区的一些旅游情况，增长了知识，也学到和积累了举办大型会议的经验。会议结束后，与会的各国代表都表示满意，对杭州香格里拉饭店的会场环境、设备设施和会议服务也给予了肯定。我们圆满地完成了外交部交给我们的任务。

第五，举办首届中国杭州国际茶文化节。杭州龙井茶蜚声海内外，产地域内又有一座中国茶叶博物馆。据考证和史料记载，日本的茶道工艺也是从杭州径山传过去的。茶叶也是有益健康、人人喜爱的天然饮品。因此，杭州充分具备举办茶文化节的条件和资格。在我们对外宣布在浙江省举办“中国杭州国际茶文化节”后，很快就有日本、朝鲜、韩国、越南、印度等多个国家或团队报名参加。（图 18）其中，最让茶界惊奇的是日本茶界的“里千家”和“外千家”都报名参展，据悉这两家茶道组织是死对头，从来不同在一处表演，

图 18　中国杭州国际茶文化节新闻发布会

而这次能破例同来，我们当然表示欢迎。

茶文化节开幕的前一天，一件始料不及的事情发生了。问题出在我们印制的《茶文化节团队介绍、日程安排、场地说明册》上。韩国代表团于开幕式前一天下午到达，当他们拿到这本小册子后即向会务组提出抗议，不同意他们的国家被称为南朝鲜，说要是展会后把这本小册子带回韩国，将会受到政府的严厉惩处，要求我们必须改为韩国，至少也要改成南韩，否则他们只好退出展会打道回国。此事报告到省旅游局，我们立即电话向外交部请示，但一直等到半夜才接到外交部“同意将南朝鲜改称为韩国”的回复。对此，会务组工作人员马上赶赴印刷厂，连夜改版重新印刷。当翌日清晨将小册子交到韩国代表团手上时，他们非常高兴，连连赞誉我们工作的高效率，表示要认真参与茶文化节的每一项活动。

开幕后，每个代表团都各显神通，进行着精彩纷呈的茶道表演，特别是日本的“里千家”和“外千家”，更是尽心尽力，绝活不断，力争超越对手，以期给各国观众留下难忘的印象。这次茶文化节的举办是成功的，闭幕会上我们对外宣布“杭州国际茶文化节隔年举办一次”，相信节日规模会越来越大，能够大幅提升我国茶文化在世界上的影响力，促使杭州乃至全国茶叶经营业更加兴旺。令人遗憾的是我在 1991 年离开了省旅游局，后来茶文化节也就不再举办了。

第六，旅游设施建设。当年，杭州具有接待外宾档次的宾馆饭店七家，它们是杭州香格里拉饭店、望湖宾馆、花港饭店、花家山宾馆、浙江宾馆、华侨饭店和大华饭店，多面临改造升级需要。有时外宾团队来得多了，我们只好将他们送到外地较好的饭店食宿。其他城市如宁波、温州等城市及普陀山等地，对高星级的涉外宾馆饭店需求则更为迫切。为迎接浙江旅游高潮的到来，宾馆饭店的建设必须加速。省旅游局还有个重要任务就是为杭州饭店改造还贷款，杭州饭店是省旅游局与香港郭鹤年先生合资改造的（后称杭州香格里拉饭店），其协议和董事会章程是我的前任完成的，总投资为六百万美元，股份分配为省旅游局百分之五十，郭鹤年先生百分之四十五，国际信托投资公司百分之五；省旅游局选派董事长及两位董事，郭先生方面选派副董事长及一位董事，国际信托投资公司派一位董事，总经理由郭鹤年一方派遣。我到省旅游局上任后，这还贷的任务就落到我的身上，当时借的是美元，而宾馆饭店和旅行社收进的又都是人民币，且正赶上当时人民币贬值，加重了还贷的负担。而且当时麻烦事一件接一件袭向杭州饭店：饭店正在加快折旧，一直处于亏损状态；甲型肝炎暴发，减少了饭店的入住率；1989 年春夏之交的那场政治风波导致饭店门可罗雀。此时，外方提出歇业的动议，由于我的强烈反对，最终采用半数员工轮换休假制度，才保住了员工的工作岗位和正常收入。在省旅游局和饭店全体员工的齐心努力下，经营状况逐步好转，1990

年末即盈利了十几万元。根据国家和省政府对中外合资企业实行营业税两免三减半的政策规定，杭州饭店也是第一年享受了免税优惠。同时，杭州饭店在外方总经理的管理下，部门配合有序，运营井井有条，并且非常重视员工的职能培训，最多时有七个培训班同时举办，参培员工涵盖了饭店管理层的各方面；有时外方管理人员也会被其他宾馆饭店请去讲课，传授先进的管理方法与经验。所以说，杭州饭店的合资经营，对浙江全省的宾馆饭店业的管理水平提升，发挥了很好的引领作用。随着全省旅游事业的飞速发展，各地一批新建宾馆饭店陆续开张营业，杭州饭店的员工也被聘请前往任职，自然且潜移默化地传播了杭州饭店的管理经验。记得大概是 1987 年，杭州饭店更名为杭州香格里拉饭店，与世界各地的香格里拉饭店联网，进一步提高了饭店的知名度，扩大了接待量。

全省旅游厕所的改善和新建十分紧迫。因各景区景点的厕所脏乱差，游客难以如厕，曾发生国际客人要求回宾馆如厕的问题。于是，省旅游局立即安排启动景区和旅游线路上的厕所新建和改造工作，短时间内使宾客如厕难的情况有了较大幅度的改善。道路状况不佳的问题更大，然而省旅游局又无能为力，只好求助于省市和各地交通部门尽快改善道路狭窄、路面不平、通行欠畅的道路现状。当时的客运车厢内没有空调设施，一位外宾在省旅游局副局长刘洪芳的陪同下去舟山办事，盛夏乘火车前往，他以风趣笑谈提出意见，表示他的不满意，他说“我享受了一次不用付费的桑拿浴”，令人十分不好意思。总之，我们的旅游设施、旅游环境、接待条件和软件服务，都要不断提高和改进，工作是大量的，必须努力再努力。

第七，办《江南游报》。浙江省群山峻岭、江河湖海、溶洞湿地俱全，风景名胜古迹众多，有风景秀丽的西湖、浩瀚壮观的千岛湖，有群峰奇秀的雁荡山、举世闻名的钱塘江大潮，海上有四大宗教圣地之一的普陀山和舟山群岛，景观文化齐备。这么多如此好的旅游资源，理应让更多人知晓，择机前来观光游览。要达到此目地就要大力宣传，来个“酒好还需勤吆喝”，最好的宣传渠道莫过于办一张专业报纸了。经过努力，江南地区第一张旅游专业报——《江南游报》，在省政府和省委宣传部的关心与支持下诞生了；非常幸运，陈云同志为报纸题写了报名，我也有幸担任了报社的第一任社长。事实上我没有做多少工作，只是在省旅游局可能的范围内补贴报社部分经费，为报社安置了办报用房罢了。我对报社提出了一些要求，即《江南游报》必须具有趣味性、知识性、文化性和鲜活性，使读者长知识、增见闻，以提高专业报的生命力。几年下来，在上级领导的关怀指导和报社全体新闻人的努力下，报社进步很快，《江南游报》的报纸质量也有了很大的提高，十分令人欣慰。我在1991年后就不担任社长了，在此我愿向全体江南游报社的新老同事（包括已经退休的同志），表示诚挚的谢意！

第八，旅游协会。浙江省旅游局先后创办了两个旅游协会，一个是浙江省旅游协会，一个是跨省的旅游未来研究会，我担任了第一任会长。随着人们经济收入的增加，旅游必然成为人们业余生活的首选。而旅游业将如何发展，需要做好哪些准备等，正是协会专家学者应研究的课题。今后行业协会将会越来越重要，政府放权要把一些相关事务交由协会去办，例如行业的发展规划、规模、实施步骤甚至行业条例等，都可以交由协会研究制订。这样做，不仅能减少竞争、增加协调，更有利于节省投资、提高效益；政府主管部门可以进行监督并提出要求。协会须有职、有权，及时总结经验教训不断提高，其重要性自是不言而喻。省旅游协会在这方面的工作，尚有待进一步努力。

旅游，是通过改变人们日常生活习惯、生活规律获得精神上的休息，是通过接触新事物、新环境获取知识和享受的动态过程。旅游将会成为人人喜爱并追求的一种活动，人们对旅游的要求会越来越高。因此，必须在旅游的方式和内容上不断改进，在旅游内涵上下功夫。旅游管理者则需要不失时机地发挥引导作用，像探险旅游、汽车旅游、摩托车旅游、自行车旅游、徒步旅游、水上旅游等，都是可以适时推出和发展的；休闲旅游和购物旅游，也很可能成为今后旅游业发展的方向。旅游要与社会经济业态联系起来，把题目做大；要办好旅游学校，多多培养旅游专业人才；还要精心专题研究，以满足人们在旅游方面不断提高的需求，努力为国家的经济发展做出新贡献。

1988 年，我当选为中国共产党浙江省第八次代表大会代表，同年通过笔试和评审，技术职称晋升为高级工程师。

1989 年，我受聘于杭州商学院（现在的杭州工商大学）兼职教授，还曾被两所学校聘为兼职教授，但未去讲过课。

花甲之年换岗美院

1991 年我年至花甲，已到退休年龄，我该退休了。这时，省委书记找我谈话，希望我再去教育系统工作几年。正巧浙江美术学院的院长也曾多次邀我前去工作，与省委意见相符。我决定服从组织需要，去美术学院继续工作。

自从参加工作以来，我除去探亲和结婚，四十年里从未请过假。如今我已超过退休年龄，去美院前省委组织部同意给我十几天假期，让我回老家探望。但是，在正式调令下达任命我为美院党委书记后，省里催促我前去美院履职的电话不断，原因是浙江美术学院要进行党员重新登记，不能耽误或延迟时间。此时，美院有三位院级干部调离，一位执行书记职务的副书记、一位副书记和一位副院长。我只能放弃休假，立即到美院上班。可是，我对院里的情况毫无了解，对教职员工的情况更不清楚，但整党的工作又必须开展起来。因此，我只能认真细致、小心谨慎地去对待每一件事和每一项工作，决不允许自己有半点疏忽。

浙江美术学院的前身是国立艺术院，是蔡元培先生于1928年立意、创办的中国第一所综合性高等艺术院校，直属当时的中华民国大学院，大学院于1928年8月改为教育部，蔡元培任教育部长。所谓综合性，即计划设立三个院——美术、音乐和建筑。20世纪90年代，浙江美术学院的环境艺术系就包含了建筑学的内容，正好与我的专业挂上了钩，因为在我高级工程师证书专业一栏，标明的是“建筑结构”，也许这正是促使我到美院任职的理由之一。蔡元培先生把美院的校址选在美丽的西子湖畔，因为如诗如画的自然美景能启发学生们的灵感，是培育和造就艺术人才绝佳的选择。后来，美院迁址杭州市南山路220号，办学宗旨是“弘扬民族文化，融合中西艺术，进一步创造时代艺术”。浙江美术学院是教育部、文化部与浙江省共建的重点大学，有机会到美院任职，我感到既欣慰又有些担忧，因为我即将接触的是一些艺术家，而且其中很多又是艺术界的大家。如何与他们融合在一起，做好各项工作，很好地完成文化部和浙江省委交给我的光荣任务呢？这是我上任之前想得最多的事情。

到美院后，来不及了解院校的情况，我立即按照上级的安排和要求，全身心地投入党员重新登记即整党的工作中。当时浙江美术学院存在的主要问题是领导班子不团结、行政队伍与教师队伍不和睦。上级的意图是要通过党员重新登记，彻底解决美院的团结问

19	22
20 | 21	

图 19　与时任文化部副部长陈昌本（左二）合影（右二、右一分别是当时的院长肖峰和党委副书记徐嘉木）
图 20　与时任文化部副部长高占祥（右）合影
图 21　与中国文联副书记、原中国美术学院副院长冯远（右）合影
图 22　中国美术学院的同事们（自左向右：现任党委书记钱晓芳、我任期内的搭档肖峰院长、接我退休后工作的党委书记徐嘉木、接替徐嘉木退休后工作的党委书记毛雪非、现任院长许江）

题。党员重新登记工作按部就班地进行，一切都很顺利。在院整党领导班子的努力和全体党员的认真参与及密切配合下，美院的党员重新登记工作收到了比较满意的结果，省委组织部整党检查组来院检查验收，给予了较高的评价。（图19、图20、图21、图22）

美院实行党委领导下的院长负责制，也就是说学院的教学管理等各项工作，是在院党委班子集体领导下由院长具体执行，我仅仅是这个班子的班长。我想我的职责首先是维护班子的团结；次之是协调好教师与教师、教师与行政职工的团结，因为只有团结起来，才能把院校的各项工作做好；再是关心教师和职工的生活，关心学生在德艺及身体方面的成长，关心教师和同学的思想状况，以及院校在学术方面的发展方向，等等。现在的工作与我过去从事的工作不同，过去是与图纸打交道，与工地上正在施工的建筑物打交道；可现在是与人而且是与搞艺术的人打交道，我必须将自己的思想转变到这方面来。教育是国家大计，国家的兴旺发达离不开教育，教育好则科技兴、国家强；教育的责任就是培养人才，要培养爱自己祖国和民族的人才。如果我们培养出来的人去为外国甚至是与我们相敌对的国家工作，那既是我们教育经费的浪费，更是我们教育工作的失败。教育工作者的责任就是要培养德才兼备的人才，而且德与才必须同样重视不可偏废。美院的学生都是学艺术的，但绝不允许为艺术而艺术，而应心中有国家，有人民，有自己的祖宗，这就要靠我们的教师教书育人，而且关键是育人；培育德艺双馨的人才，对于青年学子来说这是他一生事业的根本，忽视不得。教书育人最直接的是教师，靠教师的辛勤劳作为国家培养优秀人才，所以教师的职业是光荣的，学院的责任是重大的。

每年举办一次为期一周的教师学习班，在职教师轮流参加，目的是促使教师们关心国家大事，提高思想水平。学习班上，邀请有关领导和专家学者前来讲课，效果不错，说明人人都应该通过学习不断提高自己。

1989 年春夏之交的那场政治风波后的第二年，学生们的思想不很稳定。其中，大部分同学在思想认识上是清楚正确的，少部分学生思想有波动，因此每当临近那一天我们都要留意学生们的动态。做好同学们的思想工作是我们的责任，于是除要求教师在课堂上适时做思想工作外，我们还召开大型会议从正面宣教，来全面提高同学们的学习热情，强化学子们为国家、为人民做贡献的思想；真正让同学们清楚祖国的未来需要他们，必须学好本领为社会、为人民服务。蔡元培先生曾说“决定孩子一生的不是学习成绩，而是健康的人格修养”，这正是我们教育工作者的职责所在。对教师我们既关心又严要求，要定期做教师授课方法和效果的考察，并将结果作为教师晋级的依据，不单纯凭论文裁定。因为我们认为，教师光顾撰写论文而忽视教学质量是错误的。

为提高同学们的纪律性和身体素质，院里提倡并坚持做早操；利用院内有限的活动场地，开展多样性的体育活动；每年举办全院运动会，要求同学们积极参加，争取每个人都有一个健康的体魄，因为健康的体魄是每个人走上工作岗位后最需要的本钱。

健全党的组织和发展党员队伍。受那场政治风波的影响，有极少数学生对共产党产生了不全面、不正确的看法，尽管人数不多，但对他们的学习和成长不利，我们有责任帮助他们。同时我也相信，随着国家的发展和进步，事实会让他们认清形势，自觉地纠正错误认识的。院党委决定，要在整党的基础上进一步发展党组织，使那些具备党员条件、愿为党的事业奋斗终身的青年教职员工和学生，有机会加入到党内来。当然，参加中国共产党的组织是完全自愿的，共产党组织的大门始终是敞开着的，只要有人提出入党申请，我们就要予以关心和帮助，使其按照党员的标准去努力，争取尽早成为一名中国共产党党员。令人高兴的是，在短短的两三年间就有不少老师和学生加入了中国共产党，为中国美术学院的党组织增添了新鲜血液。

艺术是人类的精神食粮。优秀的艺术创作，将会在国家奔向全民富裕的康庄大道上，为全国人民辛勤劳动提供强大的精神动力。一名青年学子参加到党内来，必然会增添为党的事业而奋斗的责任感，更加努力学习；毕业后走上工作岗位，便会从人民利益出发搞创作，多出优秀的作品。这就是我们在院校中发展壮大党组织的希望所在。

安居。美院的家属宿舍比较困难，不少老师和职工居住条件很差，例如：只能使用公共厕所，厨房在住房以外，每家只有一间宽不到两米、深约三至四米的条状小间；也有一幢宿舍楼里，五户人家共用一间厕所，男女混用。居住在其中的不乏讲师和教授。在全国高等学府当中，这种情况实属少见。不安居岂能乐业？为此我们向文化部反映情况，并利用暑假期间文化部召开所属院校工作会议的机会一再呼吁，引起了部领导的重视，很快派员来美院视察后，文化部即予以立项拨款建造职工宿舍。经规划设计，我们利用美院原有宿舍拆除的场地，新建了一百零八套住宅，解决了相当一部分教师和职工的居住问题。事实上，美院在涉及教师和职工生活方面的问题还有很多，这次虽然改善了一些教师和职工的住房条件，但也只是解决了众多问题当中的一小部分。任务还很重，有待继续努力。

扩大校园。浙江美术学院名气不小但校园不大，教室和办公用房奇缺，教授无画室，离退休干部没有活动用房。由于美院地处杭州市的黄金地段，周围无发展余地，经学院领导奔走，得到了杭州市政府的大力支持，在钱塘江南岸钱塘江一桥东侧征到一块土地，约一百二十亩的沿江地块。但是，钱塘江两边要拓宽，江边土地不能用，还要留出绿化带，剩下的可用土地面积只有八十亩。尽管不够大，但对美院帮助却不小，在这里新建校舍，先将附中迁过去，使大学部用房得到部分缓解，但从美院的发展需求来看，还远远不够，必须加倍努力。

更名。浙江美术学院是一所著名的高等艺术院校，不仅在国内闻名遐迩，国际上也有较高的知名度。因为她是我国第一所高等艺术院校，有众多著名教授在校任教，并培养出大量有名的艺术人才；更有许多享誉国际的外国艺术家来美院访问交流。经常有人问起“为什么中国仅有的最早的高等艺术学府，而今只称浙江美术学院？不属国家文化部领导吗？”每每我们只能以因地处浙江来回答。为了让美院能在国际上发挥其应有的影响力，为国家在艺术领域做出更大贡献，学院向文化部和教育部提出更名的要求。经过多方努力，浙江美术学院于 1993 年正式更名为“中国美术学院”。尽管只是一个校名的改变，但在美院这所大学的发展史上却是一件大事，应该庆贺和大书特书。因为她现在可以与她最初“国立艺术院”的名称相匹配，实至名归了。

外事活动。中国美术学院与多所国外美术院校建立了友好关系，许多国际上著名艺术家来校交流，多国留学生来校学习深造，不仅有利于把中国的优秀文化传播到世界各地，同时还可以吸收国外的宝贵经验，坚持以取其精华去其糟粕的原则使之为我所用，丰富和发展我们的民族艺术。另外，美院在国外例如法国设有自己的画室，分期分批派遣教师前去学习锻炼，以提高中国美术学院教师队伍的学术和教学水平。

中国美术学院的“中国”两字，是我们的光荣和动力，更是压力。因为她赋予我们一项重要而艰巨的职责，即必须深入挖掘中国自古以来博大精深的艺术宝藏，进一步消化、整理研究、发扬光大，同时还要积极吸收国外的艺术成就，用以提高我们的艺术水平。只有这样，才能不辜负国家对中国美术学院的厚望。蔡元培先生在创办国立艺术学院时，设想建立三个学院。因此，在我国已进入伟大复兴新时代的今天，中国美术学院应该更大更强，教学上要精益求精，发展上要稳步向前，年复一年，一代接一代，努力把中国美术学院办成国内重点、国际著名的高等院校。

以上述说，也许是外行话，但这确实都是我的愿望和心里话。

1993 年，我再次当选为中国共产党浙江省第九次代表大会代表。（图 23）

图 23　参加浙江省第九次党代表大会的代表们合影

我于1997年正式退休，时年已六十有七。我在中国美术学院工作了近七年，与艺术打交道，与艺术家交朋友，受益匪浅。一年一度的学生毕业典礼，送走一届又一届的毕业生，我看过他（她）们展出的毕业作品，感动之余，诚心祝福他（她）们走上社会，期望他（她）们能胜任工作，事业有成，多创作出一些优秀作品，在为之奋斗的艺术领域里为国家做出大贡献。

我的亲人

我始终无法忘记父母对我的恩情。父亲王星坡（字宗魁），他在一所制作发网的企业任账房先生，也就是会计吧。他写得一手上好的毛笔字，熟读四书五经，深受周围同事和邻里的尊敬。母亲董爱道，是一位贤妻良母型的家庭妇女，我小时候的衣服和布鞋，都是她亲手一针一线为我缝制的。他们在非常贫困的经济状态下养育我，供我读书成才，有了自己的事业和美好的今天，然而我对他们却回报极少。还有我的哥哥王邦民，他对我的帮助很大，我也未能给他什么回报。每每回想起这些，我就揪心地难过。我的第一个嫂嫂叫徐姣娥，就是她与父亲和我扮成走亲戚的一家人，前往解放区送药的，不幸的是她在小产后患病去世了。第二个嫂嫂（哥哥的继室）刘瑞先，也曾给予我诸多帮助。她生了四个子女，老大是女儿叫王敏慧，儿子王桂林、王恩林、王茂林。瑞先嫂子于2008年九十多岁时去世了。她的小儿子茂林，在任烟台市栖霞县机械厂厂长期间，因车祸逝世，非常可惜。敏慧、桂林、恩林都是正派人，工作很好，都已成家立业，生活安定舒心。

我的妻子陈铮华，1958年毕业于上海师范学院，分配在一所中学任教。她是一位好教师，很受学生们尊敬。当年，我们在上海国际饭店举行了简单的结婚仪式，借用铮华的同学的房间作为我们的新婚洞房，婚庆移风易俗，一切从简，虽没有豪华的场面，但我们心情却很愉快，沉醉在幸福美满之中。婚后，我深切地觉得我就是需要铮华做我的终身爱人，我俩是天生的一对，她是我一生的幸福之神。我们生了两个孩子，大儿子王威，小儿子王咏，他们是在比较艰苦但安定的岁月中长大的。大儿子毕业于上海中医学院，毕业后却没有从医，进入了其他行业奋斗。小儿子的学业和工作都不错，小家庭也很幸福。两个孩子能有今天，我们没有给他们什么特殊帮助，完全靠他们自己持之以恒的努力。说实在话，他们也从没有依靠父母的想法，因为他俩具有了宝贵的自尊自强精神，才确保了自己的健康成长。反过来，他们对父母却很尊重，很孝顺，把自己的收入拿出一部分交给父母，借以表达他们对父母的关爱和孝敬之心。大儿子的家安在上海，距离远没办法经常回来，我们知道他是心有余而力不足。小儿子生活和工作在杭州，我们老两口的日常生活基本上靠他照应，特别是当我们在生病或住院期间，更要靠他跑前跑后料理。平时他也会不定期地送饭菜给我们，或者来家为我们烧菜煮饭，细心服侍，还会主动给父母买些衣物和日用品，大大减轻了我们生活上的困难和精神上的孤独感。感谢上天赐给我们这么好的两个儿子。大儿媳王岭，尊重公婆，对我们关心有加；小儿媳姚郦黎，把公婆当亲生父母孝敬。大儿子有两个女儿，大女儿王子嫣（前妻之女，离婚后，跟了母亲），现在已进入大学，学习成绩挺好；小女儿王馨偃，聪明好学，非常懂事，已上小学，不仅用功且能歌善舞。

我在老家的一个侄女和三个侄儿，都在各自的岗位上兢兢业业地工作，事业上取得了不错的成绩，也都构筑起自己幸福的家庭，相互间和睦相处，亲密无间。他们对身为叔叔和婶婶的我们都很好，嘘寒问暖，电话不断，还不时寄一些土特产来。血缘和亲情是割不断的，不论时间和距离。

2018 年 2 月 16 日，大年初一晚餐后拍了一张全家福（前排左侧是我的妻子陈铮华，前面是小孙女王馨偃，后面站立的从右向左是大儿媳王岭、大儿子王威、小儿子王咏、小儿媳姚郦黎

写在后面

我平生的工作岗位变动较大，但统统是组织上的决定，我服从工作需要。从一个绘图匠到担任行政、领导工作，最后又回到了学校，自己认为做到了恪尽职守，任劳任怨。回想四十五年的工作历程，可以说是“缺点不少，小错误不少，成绩不多，但尽力了”。其间，我遇到不少贵人，得到了诸多帮助，像横山钢铁厂的刘安居同志，我俩一见如故，他在工作上支持我、鼓励我、帮助我，他的音容笑貌永远铭记在我的脑海里。还有李俊生同志，他是我的领导、好友和恩人，我的入党申请就是向他提出的，在他真诚的帮助下，我才成为一名光荣的共产党员；他为人正直、不谋私利，为人民服务的思想牢固，我十分相信他，佩服他。到杭州市政府工作后，我又遇上了厉德馨书记、钟伯熙市长两位好领导，他们在政治上、工作上不断地给予我帮助，我由衷地感谢他们。但是，我也遇到少数几个“善于”莫名其妙地背后做文章的人，他们极会暗箭伤人；更有个别人忘恩负义，得势便成“中山狼”。也许，这就是我的人生——艰辛、困苦、欢乐和感激的复杂历程。

我生长在一个社会动荡的年代：清朝退出历史舞台后的民国时期；日本侵略中国后的抗日战争时期；日本投降后的解放战争时期；中华人民共和国成立后全国人民团结艰苦奋战时期；以阶级斗争为纲，运动不断、继续革命时期；改革开放后国人奋起的经济大发展时期。在这如火如荼的时代洪流中，我得到了锻炼并逐渐成长。

中国有一部充满血泪的近代史，遭受世界列强的侵略和凌辱，中国人民经受了巨大的苦难。1840 年至 1842 年的第一次鸦片战争，英帝国主义逼迫清政府签订《南京条约》，割去了香港并索取二千一百万银圆的赔款；1856 年至 1860 年的第二次鸦片战争，强盗攻入中国北京，杀人放火，抢掠财物；1894 年至 1895 年发生的中日甲午战争，日本逼使清朝政府签订《马关条约》，割去了辽东半岛和台湾并获两亿两白银的赔款；1900 年，八国联军攻入北京焚毁了圆明园，清政府还赔偿他们白银四亿五千万两。这些就是我们具有五千年文明史的伟大祖国，在一百五十余年中遭受的苦难历史。帝国主义侵略者血洗中国，灭绝人性，无恶不作，不但抢劫了我们无数的文物国宝和无穷的宝藏，仅赔款一项据记载就相当于清政府十年的财政收入。我们的国家怎能不弱，人民怎能不贫?!世界列强用我们的赔款和掠夺到的财物，大搞他们的工业化，发展经济，富强了起来。其实，那些资本主义国家的强盛就是一部掠夺发家史，日本靠甲午战争获得的赔款办教育，兴工业，即名为“明治维新”。日本大和民族是一个忘恩负义的民族，自古以来他们一直在向中国学习，中国是他们的老师，可是这个不孝的“学生”，由于国土小、资源缺乏，不思回报反过头来却想灭亡中国，妄想把九百六十万平方公里的中国疆土据为己有。其狂妄的野心极度膨胀，于 1931 年侵略中国东北，成立伪满洲国，立溥仪当伪皇帝，并变本加厉于 1937 年制造借口，大举入侵，声称三个月灭亡中国。但是战争的进展并未如其所愿，因为有中国军民的奋勇抵抗，特别是共产党领导的军队和老百姓勇猛抗敌，战术机动灵活，致使日本侵略军无所适从，只好把大量的军队滞留在中国北部地区，削弱了其南侵的军事力量，某种程度上保护了国民党的队伍。所以，我认为是中国共产党领导的军民，在抗日战争中起到了中流砥柱的作用。1945 年日本东京《同盟世界周刊》载文：“如果有人认为只要和重庆能够谈判成功，就可以解决中国事变，那是很大的错误。根据我们的见解，真正抗日的势力，始终一贯的是中国共产党。”在这里他们说了实话，当时共产党的军民牵制了约一半日本侵略军的军力，试想，若这些日本侵略军也去攻打重庆，战争将会如何？所以我认为，1921 年 7 月 23 日至 31 日在上海法租界望志路106号召开，后转移到浙江省嘉兴南湖红船上续会的第一次党代会上成立的中国共产党，在中国革命史上的功勋是惊天动地的。

抗日战争胜利后，被日本侵占的东北、台湾和辽东半岛回来了；日本在山东半岛和列强在中国的势力也基本上被清除了。中华人民共和国成立后，消除了民国时期军阀割据、政令难通的混乱局面，呈现出全国各族人民大团结、一片欣欣向荣的新气象。但是，当时的中华人民共和国可以说是国贫民穷，正如伟大领袖毛主席所说的“一穷二白”，只能白手起家，勒紧裤腰带，奋发图强，勤俭节约，建设自己的新国家。事实清楚地表明，在中国共产党的领导下，全国人民通过智慧的头脑和勤劳的双手，用最短的时间把自己的国家建成了一个伟大的、受世界各国钦佩的世界强国。这种绝无仅有的建设速度，在资本主义国家的建设史上从未出现过；这种史无前例的伟大成就，是全体人民在中国共产党领导下取得的。这是中国人民的幸运，也是世界人民的幸运。我深信我们的国家必定会成为世界强国，走在世界前列，人民的生活水平定将会达到并超过目前世界发达国家的水平，且这天一定会很快到来。

伟大的中国，奋勇前进吧！

我的回忆到此要告一段落了，尽管遗漏不少，但一些主要情节均有所记述。在此，我要向我的领导、同事、朋友和帮助过我的人表示由衷的谢意。我一生当中有些事很可能做得不到位，也可能对一些人或事有所亏欠，在此我愿意向他们表示歉意，请他们原谅。我有幸出生在中国，这个伟大的拥有古老文明的国家。我的子女们要记住，你们成长在我们国家近200年来最好的时代，要珍惜，要为我们国家的强盛去奋斗。如今，最令人兴奋的是国家正进入习近平新时代中国特色社会主义思想指导下的光辉新时期，让我们为国家的大发展、大超越努力奋斗吧！

附录

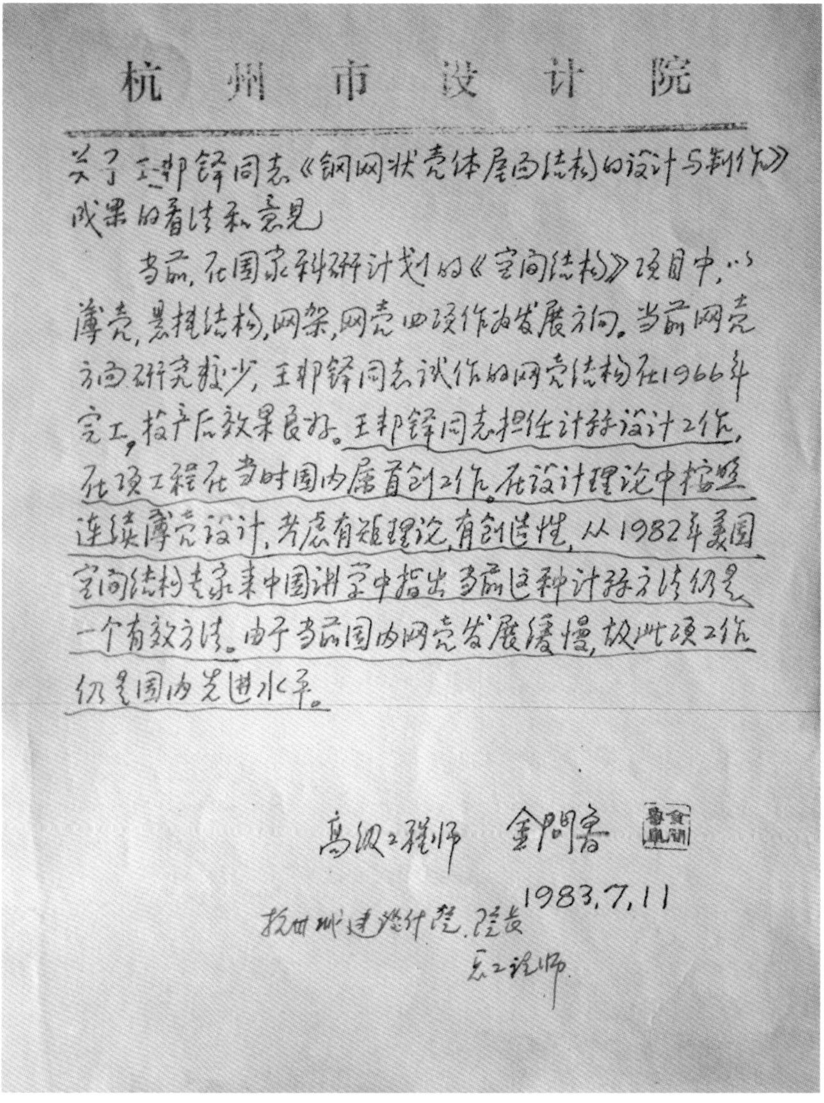

杭州市设计院

关于王邦铎同志《钢网状壳体层面结构的设计与制作》成果的看法和意见

当前，在国家科研计划的《空间结构》项目中，以薄壳，悬挂结构，网架，网壳四项作为发展方向。当前网壳方面研究较少，王邦铎同志试作的网壳结构在1966年完工，投产后效果良好。王邦铎同志担任计算设计工作，该项工程在当时国内属首创工作。在设计理论中按照连续薄壳设计，考虑有关理论，有创造性，从1982年美国空间结构专家来中国讲学中指出当前这种计算方法仍是一个有效方法。由于当前国内网壳发展缓慢，故此项工作仍是国内先进水平。

高级工程师 金问鲁

1983.7.11

杭州城建设计院 院长

总工程师

高级工程师金问鲁关于王邦铎同志《钢网状壳体层面结构的设计与制作》成果的看法和意见

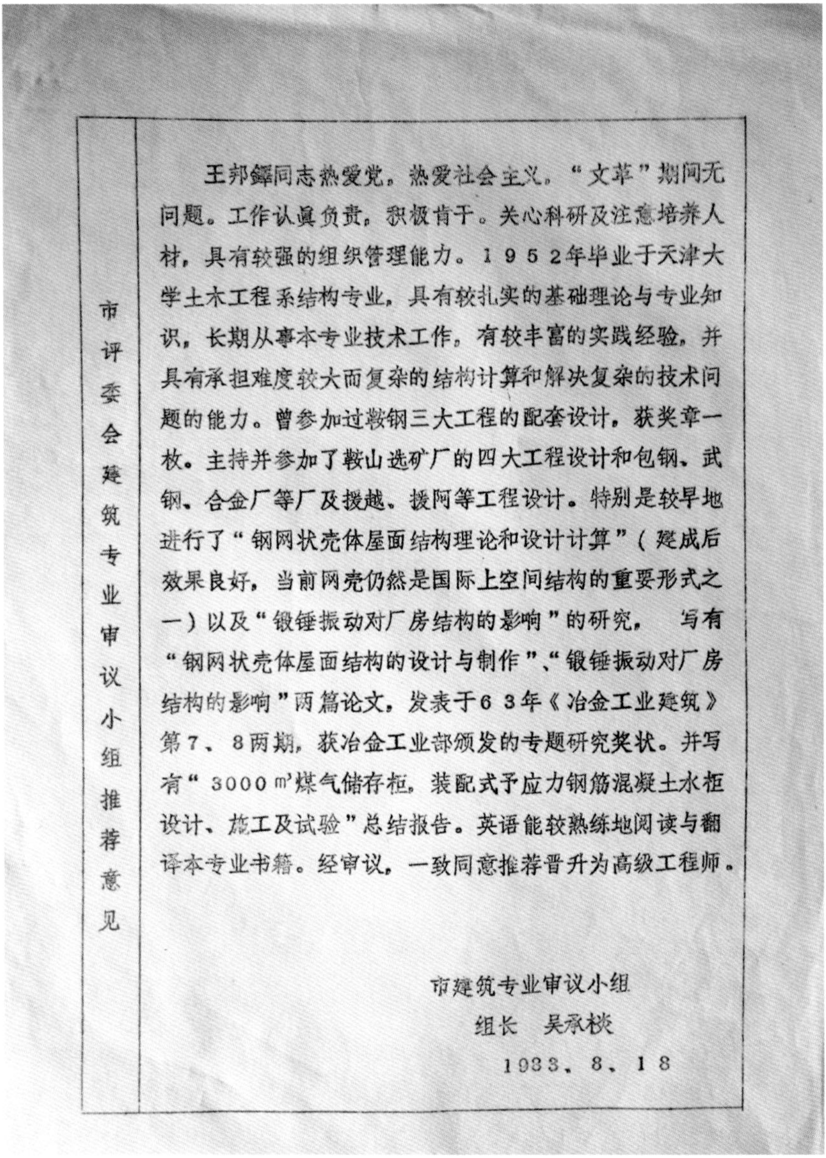

市评委会建筑专业审议小组推荐意见

王邦鐸同志热爱党，热爱社会主义。“文革”期间无问题。工作认眞负责，积极肯干。关心科研及注意培养人材，具有较强的组织管理能力。1952年毕业于天津大学土木工程系结构专业，具有较扎实的基础理论与专业知识，长期从事本专业技术工作，有较丰富的实践经验，并具有承担难度较大而复杂的结构计算和解决复杂的技术问题的能力。曾参加过鞍钢三大工程的配套设计，获奖章一枚。主持并参加了鞍山选矿厂的四大工程设计和包钢、武钢、合金厂等厂及援越、援阿等工程设计。特别是较早地进行了“钢网状壳体屋面结构理论和设计计算”（建成后效果良好，当前网壳仍然是国际上空间结构的重要形式之一）以及“锻锤振动对厂房结构的影响”的研究，写有“钢网状壳体屋面结构的设计与制作”、“锻锤振动对厂房结构的影响”两篇论文，发表于63年《冶金工业建筑》第7、8两期，获冶金工业部颁发的专题研究奖状。并写有“3000㎥煤气储存柜，装配式予应力钢筋混凝土水柜设计、施工及试验”总结报告。英语能较熟练地阅读与翻译本专业书籍。经审议，一致同意推荐晋升为高级工程师。

市建筑专业审议小组

组长　吴承棪

1983、8、18

杭州市评委会建筑专业审议小组关于王邦铎同志晋升为高级工程师的推荐意见

策划编辑：郑亦山
责任编辑：李　颖
装帧设计：李　文
版式制作：胡一萍
责任校对：杨轩飞
责任印制：毛　翠

图书在版编目（CIP）数据

梅荷人生 ： 王邦铎回忆录 / 王邦铎著. — 杭州 ：
中国美术学院出版社， 2018.5
ISBN 978-7-5503-1662-1

Ⅰ. ①梅… Ⅱ. ①王… Ⅲ. ①王邦铎－回忆录 Ⅳ.
① K826.16

中国版本图书馆 CIP 数据核字（2018）第 060090 号

梅荷人生——王邦铎回忆录
王邦铎　著

出 品 人：祝平凡
出版发行：中国美术学院出版社
地　　址：中国・杭州市南山路218号 / 邮政编码：310002
网　　址：http://www.caapress.com
经　　销：全国新华书店
印　　刷：浙江海虹彩色印务有限公司
版　　次：2018年5月第1版
印　　次：2018年5月第1次印刷
印　　张：3.875
图　　数：27幅
字　　数：70千
开　　本：889mm×1194mm　1 / 32
印　　数：001－700
书　　号：ISBN 978-7-5503-1662-1
定　　价：42.00元